·300만 유튜버·
주노베어의
작동하는 종이 장난감 도안집
피젯토이 & 스퀴시
만들기

주노베어의 피젯토이&스퀴시 만들기

초판 7쇄 발행	2024년 2월 20일(인쇄 2025년 7월 21일)
초 판 발 행	2023년 7월 10일(인쇄 2023년 5월 17일)
발 행 인	박영일
책 임 편 집	이해욱
저　　　자	공준호
편 집 진 행	노윤재 · 윤소진
표 지 디 자 인	김도연
편 집 디 자 인	임아람 · 김휘주
발 행 처	시대인
공 급 처	(주)시대고시기획
출 판 등 록	제10-1521호
주　　　소	서울시 마포구 큰우물로 75 [도화동 538 성지 B/D] 6F
전　　　화	1600-3600
홈 페 이 지	www.sdedu.co.kr
I S B N	979-11-383-5005-1(13630)
정　　　가	20,000원

※ 이 책은 저작권법에 의해 보호를 받는 저작물이므로, 동영상 제작 및 무단전재와 복제, 상업적 이용을 금합니다.
※ 이 책의 전부 또는 일부 내용을 이용하려면 반드시 저작권자와 (주)시대고시기획 · 시대인의 동의를 받아야 합니다.
※ 잘못된 책은 구입하신 서점에서 바꾸어 드립니다.

시대인은 종합교육그룹 (주)시대고시기획 · 시대교육의 단행본 브랜드입니다.

프롤로그

안녕하세요, 여러분! 저는 주노베어라고 해요.
현재 유튜브에서 주노크래프트라는 만들기 채널을 운영하고 있답니다.

저는 어릴 때부터 손으로 무언가 만드는 것을 정말 좋아했어요.
종이로 사부작사부작 만드는 시간이 저에겐 정말 즐겁고 소중한 시간이었답니다. 성인이 되고 나서도 손으로 만드는 일을 좋아했어요. 그러다 '나도 한번 올려볼까?'하고 시작한 유튜브 채널인데 이렇게 큰 사랑을 받고 책까지 출간하다니 정말 놀라워요. 너무너무 감사드립니다. 이 감사한 마음은 말론 다 표현할 수 없을 거예요.

이에 보답하기 위해 어떻게 하면 더 재밌는 내용을 실을 수 있을까 고민하면서 이 책을 만들었어요.
귀여운 일러스트들이 그려진 종이 스퀴시는 물론, 과학적 원리로 작동하는 장난감들까지 알찬 구성으로 담아봤답니다. 눈도 즐겁고 뇌도 즐거운, 분명 재밌는 시간이 될 거예요!

제가 어렸을 때 만들기를 하면서 정말 큰 행복을 느꼈던 것처럼 여러분들에게도 제 책이 소중한 기억으로 남길 바라요.

그럼 이제 만들러 출발해 볼까요~?

주노베어_공준호

목 차

Part 1 피젯토이&스퀴시 준비하기
- 01 준비물 • 10
- 02 도안 코팅 방법 • 12
- 03 캐릭터 소개 • 14

Part 2 피젯토이&스퀴시 따라하기

작동하는
다마고치 만들기
• 18

과일팡팡
피젯스피너 만들기
• 28

또잉또잉
튀어 오르는 점핑토이
• 36

누르고 싶은
버튼 팝잇 장난감
• 42

획휙 바뀌는
반전인형 만들기
• 52

러블리펫
오뚝이 스퀴시 만들기
• 62

곰돌이 랜덤 스퀴시
자판기 만들기
• 70

달콤달콤
디저트 스퀴시 만들기
• 82

랜덤 룰렛
뽑기 세트
• 86

Part 3 **피젯토이&스퀴시 도안**

얇은 도안 • 98

두꺼운 도안 • 152

우린 언제나 함께야!

Part 1
피젯토이 & 스퀴시 준비하기

만들기 전 알아두면 좋은 내용을 소개합니다!
많이 쓰이는 준비물은 주변에서 쉽게 구할 수 있는 것들로 소개했으니
구하기 어렵지 않을 거예요.

01 준비물

01 가위
도안을 싹둑싹둑 자를 때 쓰는 도구예요. 가장 기본이 되는 도구죠!

02 큰 테이프
스퀴시 만들 도안을 코팅할 때 주로 쓰는 도구예요. 종이가 찢어지지 않게 해준답니다.

03 스카치테이프
종이를 이어 붙일 때 주로 쓰는 작은 테이프예요. 많이 쓰이는 도구랍니다.

04 양면테이프
수정테이프처럼 바를 수 있게 나온 양면테이프예요. 바르는 양면테이프가 없다면 일반 테이프처럼 붙이는 양면테이프를 써도 돼요.

05 딱풀
종이를 붙여주는 도구예요. 물풀보다 더 깔끔하게 잘 붙는답니다.

06 솜
스퀴시 속에 넣어주는 솜이에요. 스퀴시를 통통하게 만들어줘요. 일반 솜보다 사진과 같은 방울 솜이 스퀴시를 만들 때 더 좋답니다.

02 도안 코팅 방법

종이 스퀴시를 만들 때는 종이가 찢어지지 않도록 도안을 먼저 코팅해 줘야 해요. 가장 쉽게 구할 수 있는 박스테이프를 이용해 코팅하는 방법을 알려드릴게요. 얇은 코팅지가 있는 친구들은 코팅지를 이용해도 된답니다!

01

도안을 준비해주세요.

02

테이프를 적당한 길이로 뜯어줍니다.

03

위에서부터 아래로 손으로 꾹꾹 눌러가며 붙여주세요. 이렇게 위에서부터 붙이면 주름이 생기지 않아요!

04

면 전체를 코팅해 주면 성공~!

이제 본격적인 만들기를 하러 출발해 볼까요~?

03 캐릭터 소개

주노베어

생일: 11월 11일
좋아하는 것: 귀엽고 예쁜 물건, 재밌는 장난감
좋아하는 음식: 밀크초콜릿, 아주 진한 초코아이스크림
취미: 만들기, 음악 들으면서 자전거 타기
특기: 동글동글한 캐릭터 그리기
매력 포인트: 머리 위에 있는 무지개 전구. 좋은 만들기 아이디어가 떠오르면 오색찬란하게 반짝여요.
하고 싶은 말: 친구들! 나랑 같이 재밌는 만들기 하자!!

러브토끼

생일: 12월 25일
좋아하는 것: 분홍색 인형, 친구들과 놀기
좋아하는 음식: 딸기 파이, 딸기 우유
취미: 춤추기, 주노베어와 만들기 하기
특기: 딸기우유 빨리 마시기
매력 포인트: 볼에 있는 하트가 특징. 기분이 좋으면 더 빨개져요!
하고 싶은 말: 반가워 친구들!! 나랑 같이 놀러 갈래?

생일: 6월 4일
좋아하는 것: 폭신폭신한 베개, 치즈 쿠키
좋아하는 음식: 하트모양 솜사탕
취미: 뽀별이랑 산책하기, 푸딩 만들기
특기: 음악 작곡
매력 포인트: 항상 안고 다니는 펫 뽀별이,
그리고 복슬복슬한 털이 포인트
하고 싶은 말: 힘들 땐 내 털 위에서
쉬다가 가~ 엄청 포근할 거야.

생일: 8월 17일
특징: 유튜브 주노크래프트의 구독자를 대표하는
캐릭터. 쭈니어는 구독자 애칭!
취미: 주노베어와 만들기 하기, 슬라임 만지기
좋아하는 장소: 문구점
매력 포인트: 하고 싶은 일이 많아서 꿈이
많아요. 뭐든 열심히 해서
주변 친구들에게 인기가 많아요.
하고 싶은 말: 반가워 친구들~
재밌는 만들기 하러 가볼까~?

15

우린 언제나 함께야!

Part 2
피젯토이&스퀴시 따라하기

도안을 활용하여 피젯토이&스퀴시 만드는 방법을 소개합니다.
만들고 싶은 도안을 선택하고 따라서 만들어봐요!
설명만으로 이해가 어렵다면 QR코드를 찍어 영상을 보면서 만들어보세요.

작동하는 다마고치 만들기

화면 속 캐릭터들을 움직일 수 있고 배경도 바꿀 수 있는 귀여운 다마고치예요! 내 손안에서 쪼꼬미 캐릭터들을 키울 수 있다니 너무 귀엽지 않나요? 마음에 드는 캐릭터를 골라 함께 만들어봐요!

캐릭터를 움직이고~

배경도 바꿔요~

 **함께 만들어요!**

도안 99~104p, 153~164p

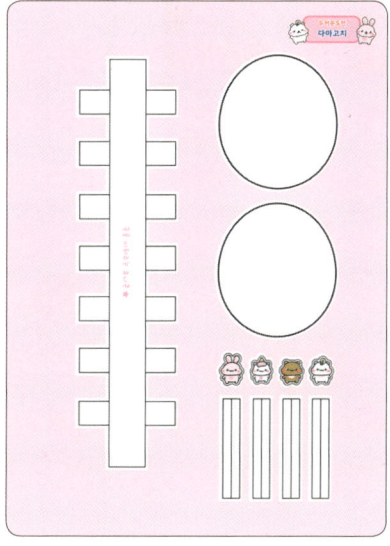

다마고치 도안은 두꺼운 도안 2장, 얇은 도안 1장으로 구성돼요.
유니콘, 토끼, 곰돌이 중 하나를 골라 세 장씩 준비해주세요.

01

다마고치 부분의 도안을 전부 오려 준비해요.

02

다마고치의 흰 화면을 가위로 잘라요.

 03

잘린 부분을 테이프로 다시 붙여요.

 04

이제 1번 도안을 준비해요.

 05

빗금이 있는 부분에 풀칠한 뒤

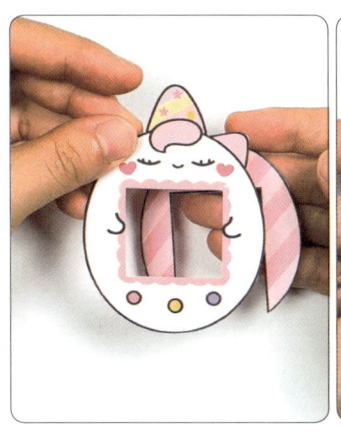 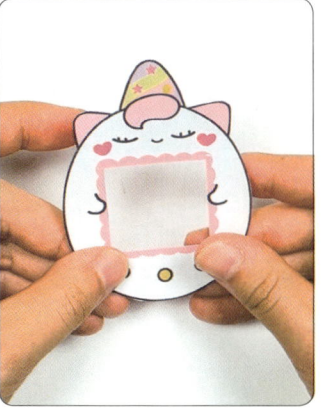

06

캐릭터 앞면의 뒷쪽에 붙여요.

07
2번 도안을 준비해요.

08
빗금 부분에만 슥슥 풀칠을 해준 뒤

Tip 2번 도안은 1번 도안과 다르게 흰색 부분을 피해 빗금 부분에만 풀칠해야 해요!

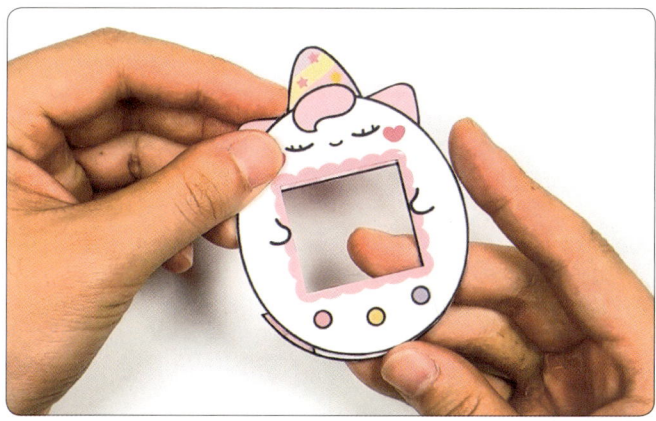

09
아래쪽에 붙여요.

10
이제 3번 도안을 준비해요.

11

2번 도안과 똑같이 흰 부분을 피해 빗금 부분에만 풀칠해서 붙여요.

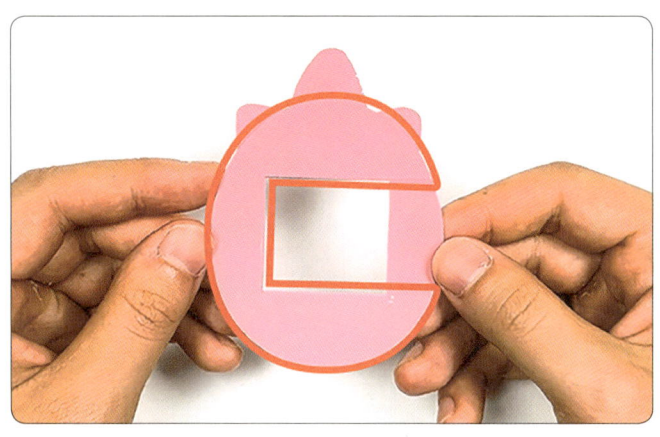

12

이제 뒤집어서 표시된 빨간 테두리 안에 풀칠을 해줄 거예요.

13

풀칠한 후 뒷면 도안을 붙여요.

14

다마고치 앞면을 완성했어요!

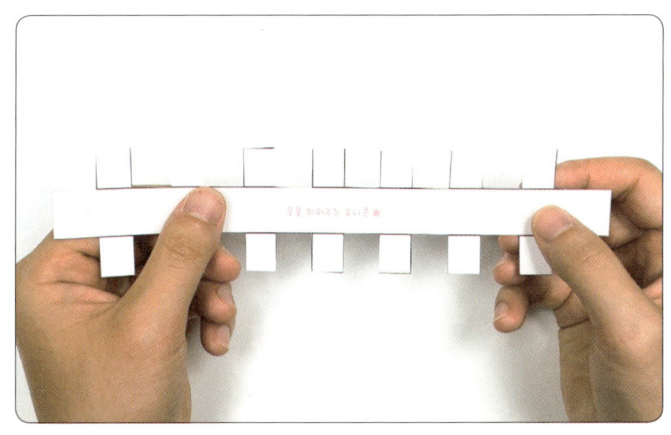

15

이제 입체로 만들어 줄 거예요. 옆면 도안을 준비해요.

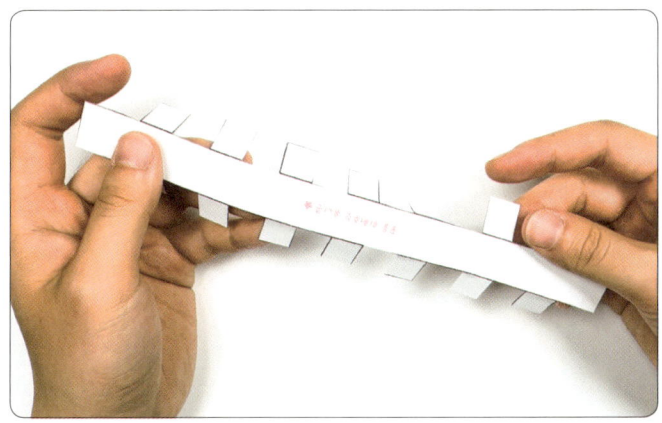

16

선을 따라 접어요.

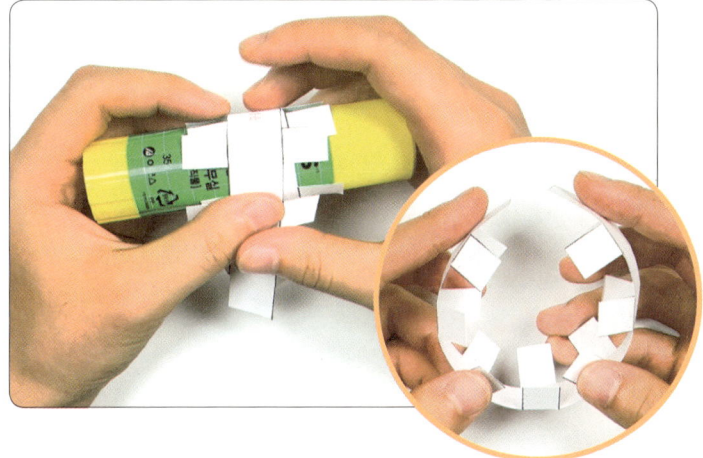

17

풀처럼 둥근 막대기에 돌돌 말아 휘게 해요.

18

옆면의 네모 칸에 두세 칸씩 목공풀을 발라 만들어놓은 화면 밑에 붙여요.

Tip 딱풀보단 목공풀이 더 잘 붙어요!

 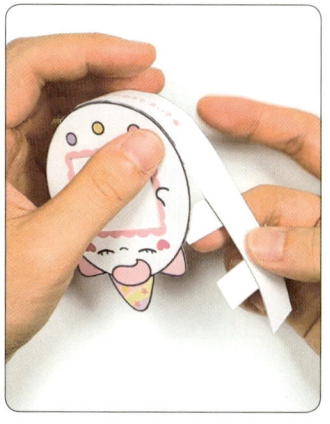

19
두 칸 붙이고 또 두 칸 붙이고~
천천히 꾹꾹 눌러가며 붙이면 어렵지 않아요.

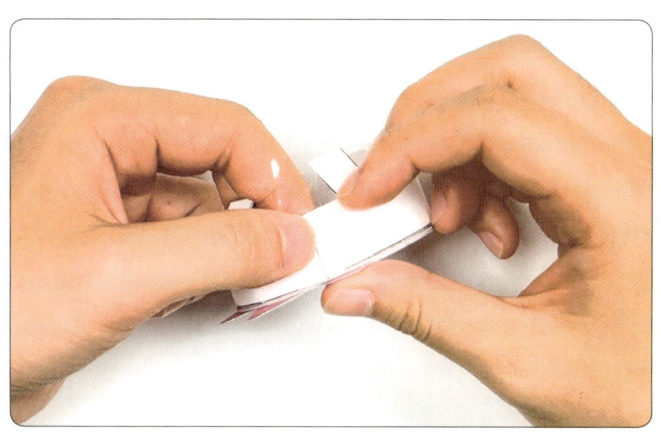

20
다 붙이고 띠가 맞닿는 부분에는 테이프를 붙여서

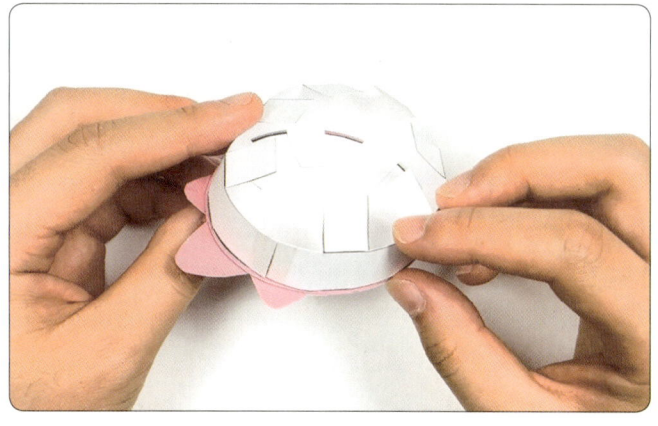

21
마무리해요.

22
뒷면의 모든 네모 칸에 목공풀을 발라요.

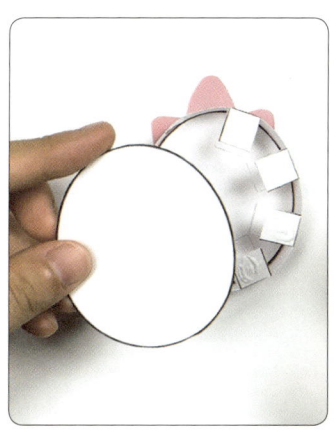 

23
동그란 뒷면 도안을 그 위에 얹은 후 꾹 눌러 붙여요.

Tip 너무 세게 누르지 않고 지긋이 손으로 누르면 잘 붙어요!

24
주노베어가 그려진 주머니 도안을 반으로 접어요.

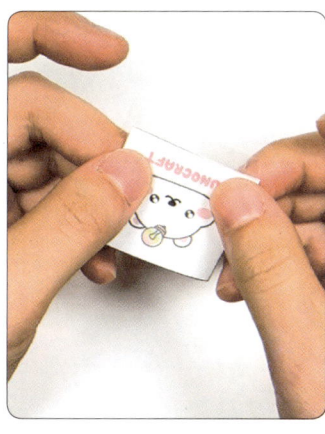 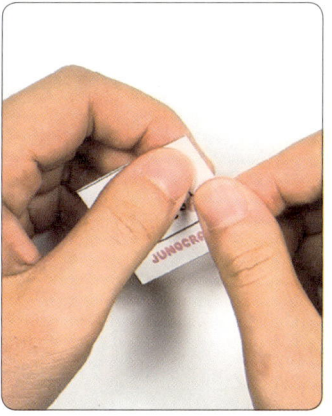

25
테이프로 윗부분만 남기고 막아줘요.

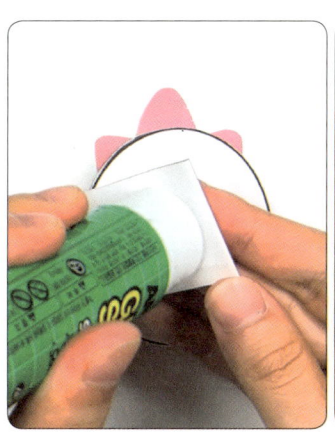 

26
풀칠한 후 다마고치 뒷면에 붙여요.

Tip 스카치테이프도 붙여주면 더 튼튼하게 붙일 수 있어요!

27

이제 캐릭터 도안을 준비한 뒤

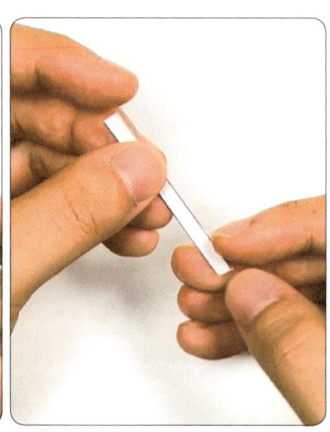

28

막대기 두 개를 하나로 합쳐요.
이때, 막대기 두 개를 길게 붙이는 것이 아니라
둘이 포개어 두꺼워지게 붙여요.

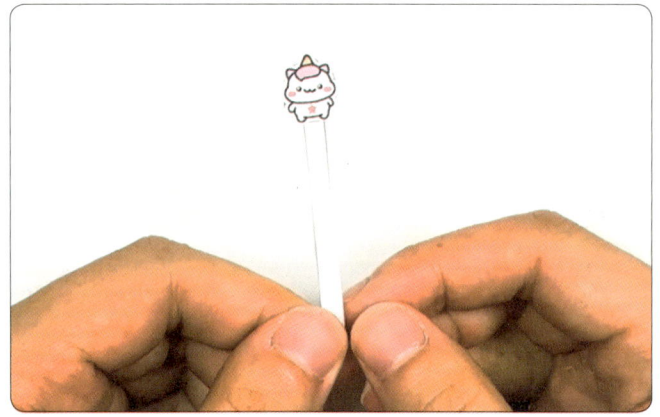

29

윗부분에 캐릭터를 붙여주면 캐릭터 막대기도
완성! 캐릭터는 하나 이상만 만들면 돼요~

30

화면 도안들과 만들어놓은 것들을 전부 모아주
세요.

31

옆쪽으로 화면을 끼우고 아래쪽으로 캐릭터를 넣어주세요.

Tip 화면은 3~4장까지 들어가요!

32

이제 화면을 갈아 끼우고, 캐릭터를 움직이면서 놀 수 있답니다.

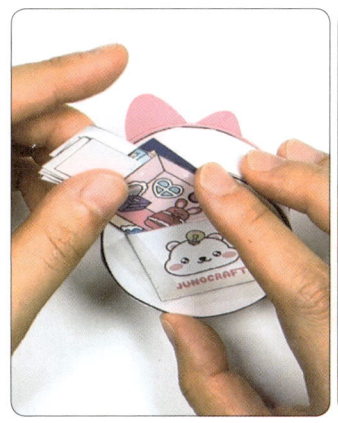 

33

남는 배경 화면과 캐릭터들은 뒷주머니에 넣어 보관하세요.

장난감 완성!

빙글빙글~
과일팡팡 피젯스피너 만들기

빙글빙글 돌아가는 피젯스피너 속에는 각기 다른 표정을 지닌 과일들이 한가득 담겨있어요! 맘에 드는 조합으로 멋지게 꾸며보세요. 또 직접 손그림으로 꾸밀 수 있는 도안도 준비돼 있으니 나만의 개성 있는 피젯스피너를 만들어 보아요!

 함께 만들어요!

도안 165~170p

  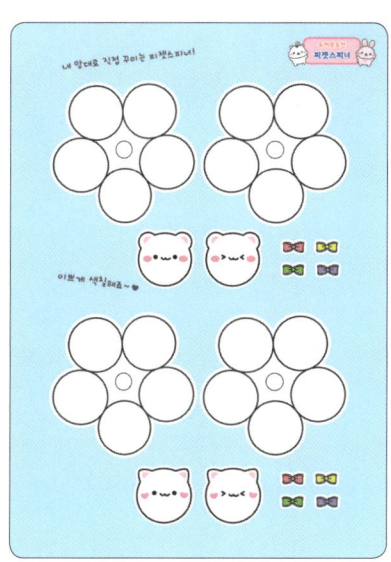

피젯스피너 도안은 두꺼운 도안 1장으로 구성돼요.
과일스티커를 붙이는 도안, 직접 꾸미는 도안 중에 골라 준비해주세요.

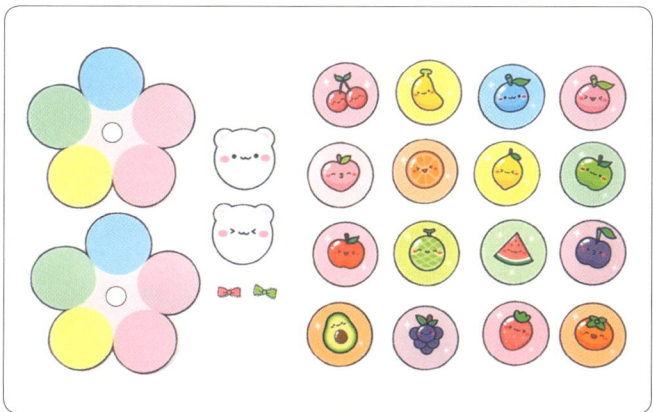

01

도안을 전부 오려서 준비해요.

> Tip 과일 스티커는 다 오리지 않고 10개 이상만 오려주면 돼요.

02

가위로 중앙의 흰 구멍을 오려요.

03

테이프로 잘린 부분을 붙여요.

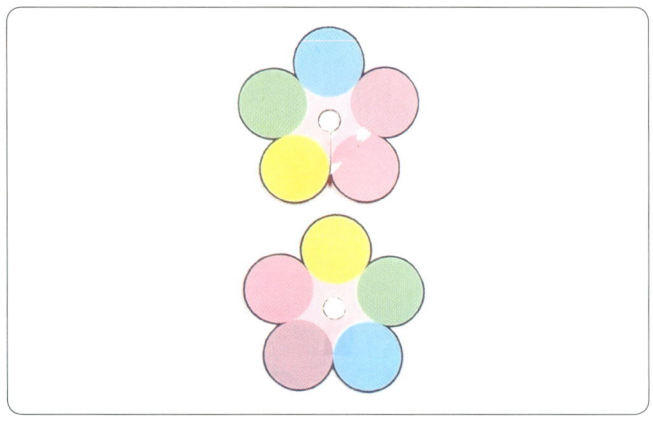

04

두 개 다 구멍을 뚫어요.

05

한쪽 면 뒷면에 풀칠한 뒤 서로 붙여요.

06

과일 스티커를 10개 준비해요.

 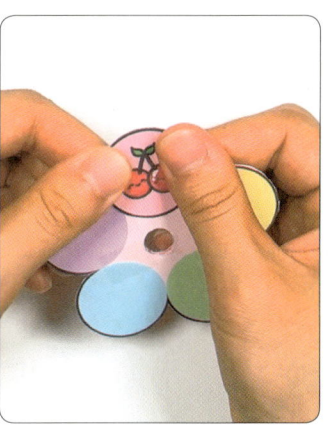

07

하나씩 풀칠해서 피젯스피너 위에 붙여요.

08

마음에 드는 과일로 앞뒷면에 다섯 개씩 붙여요.

09

빨대와 곰돌이(혹은 고양이)를 준비해요.

10

다루기 쉽게 빨대를 조금 잘라요.

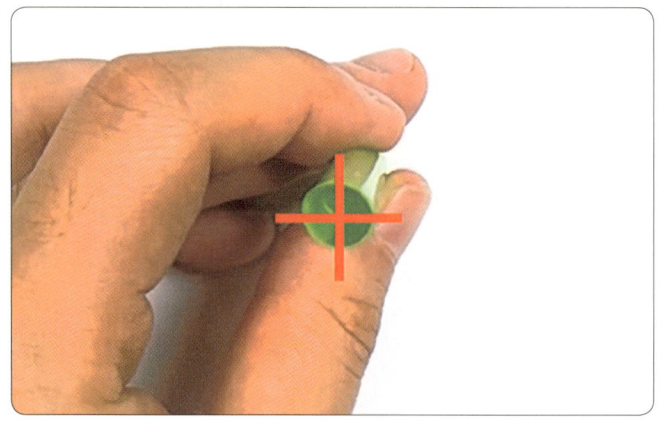

11

빨대 끝부분을 문어발처럼 4등분 해요.

Tip 빨대 끝부분을 손으로 눌러 한 번 잘라주고, 옆으로 돌려 한 번 더 잘라요.

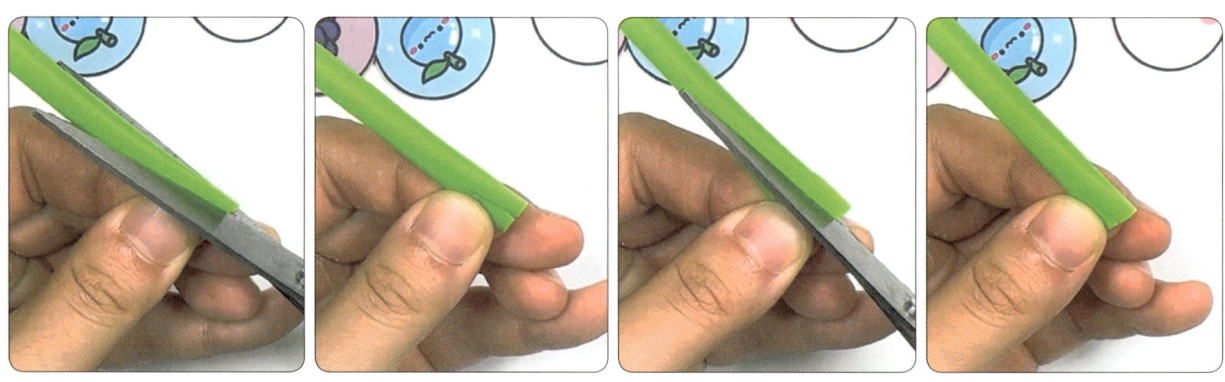

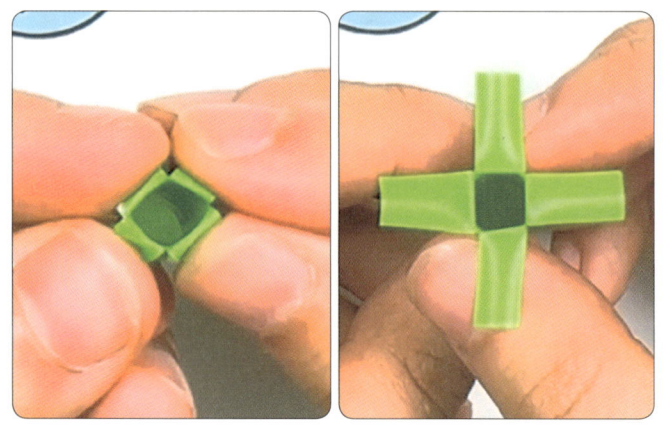

12

이렇게 밖으로 꺾어 접어주면 문어발처럼 4등분 성공!

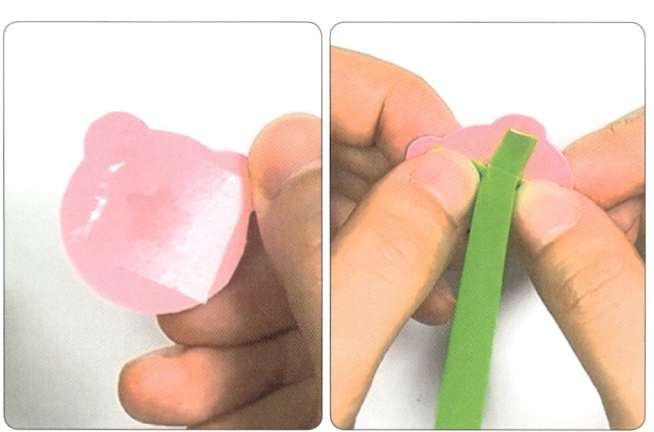

13

이제 이 곰돌이 뒷면에 양면테이프를 붙인 후 빨대를 붙여요.

14
스카치테이프도 그 위에 붙여서 더 튼튼하게 만들어요.

Tip 곰돌이 밖으로 삐져나온 테이프는 깔끔하게 가위로 오려주기!

15
만들어놓은 피젯스피너를 끼워요.

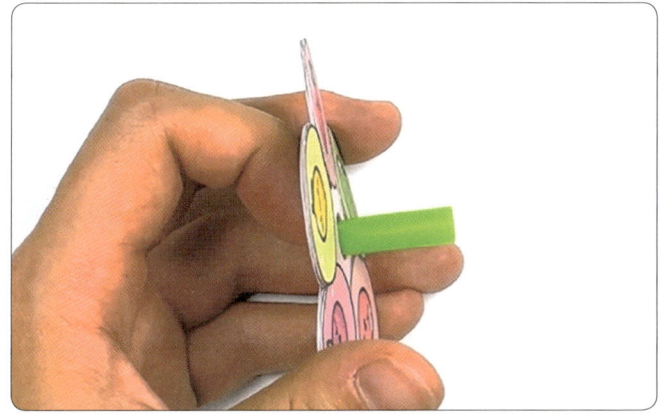

16
빨대를 1.5cm 정도만 남겨놓고 잘라요.

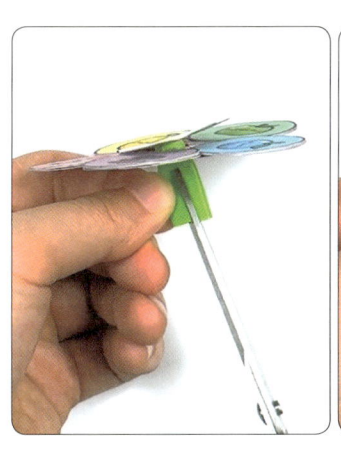 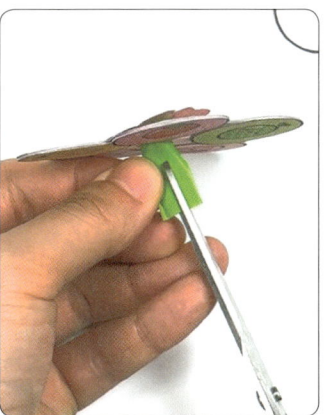

17
앞에서 한 문어발 4등분 자르기를 한 번 더 해요.

Tip 꾹 눌러 한번~ 돌려서 한번~ 자르기!

18

자른 부분을 밖으로 꺾어 문어발을 만들어요.

 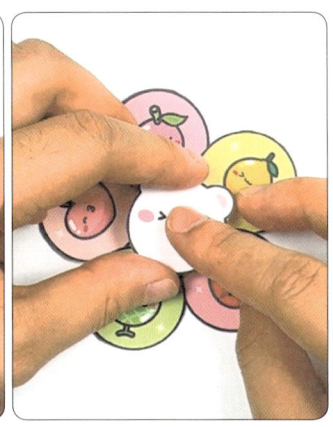

19

남아있는 곰돌이 뒷면에 양면테이프를 붙인 후 문어발 위쪽에 붙여요.

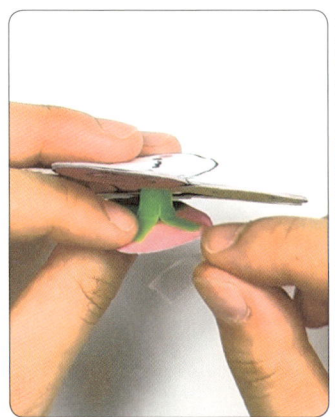 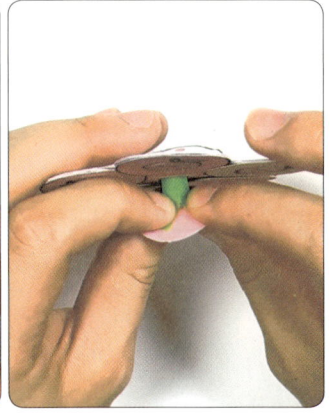

20

곰돌이를 구부려 안쪽에 스카치테이프를 붙이면 훨씬 튼튼해져요!

21

리본까지 귀엽게 붙여주면~

 과일팡팡 피젯스피너 완성!

또잉또잉 튀어 오르는 점핑토이

손으로 누르면 튀어 오르는 점핑토이예요! 누르는 게 정말 중독성 있답니다. 사랑스러운 고양이 친구들과 토끼, 햄스터를 모두 모아보세요!

36

 함께 만들어요!

도안 171~178p

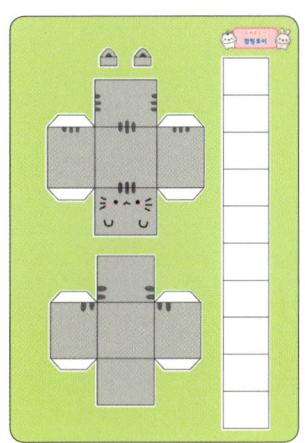   

점핑토이 도안은 두꺼운 도안 1장으로 구성돼요.
네 가지 캐릭터 중 맘에 드는 캐릭터를 골라 만들어보세요.

01
도안을 전부 오려서 준비해요.

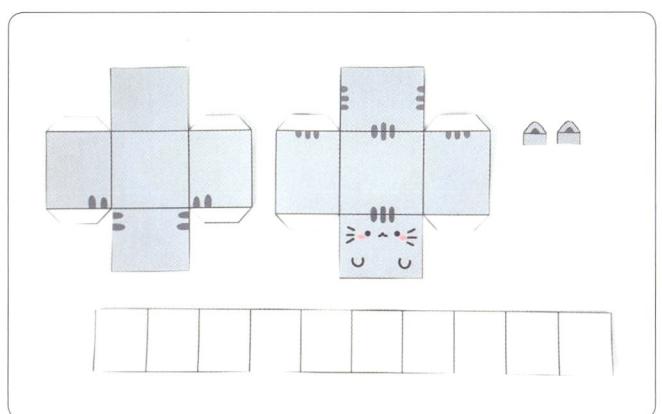

02
선을 따라 전부 접어요.

Tip 흰색 띠는 스프링처럼 지그재그 접기!

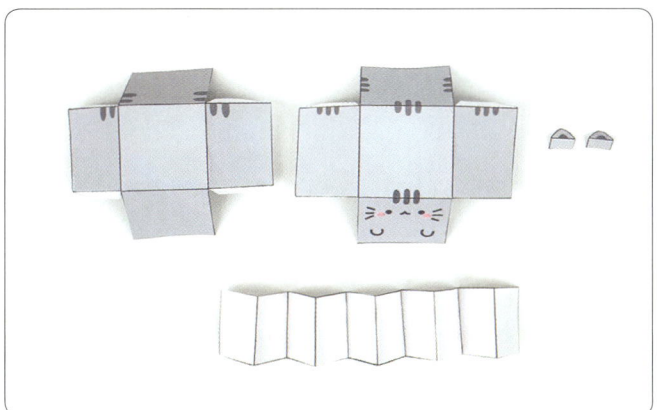

37

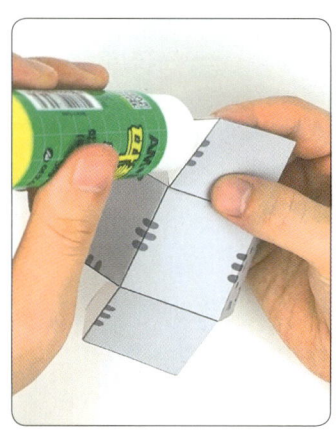 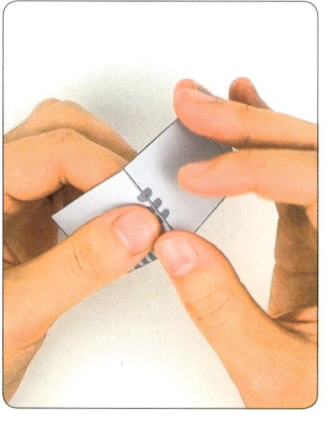

03

흰색 부분에 풀을 발라 붙여요.

04

박스 형태로 붙여주면 돼요!

 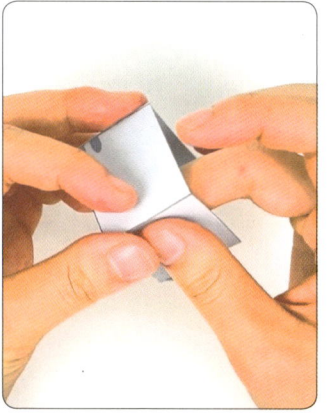

05

나머지 하나도 똑같이 붙여요.

06

얼굴과 몸통 박스 완성!

07

귀도 풀칠해서 붙여요.

08

스프링을 꾹 눌러 길이를 조절하고

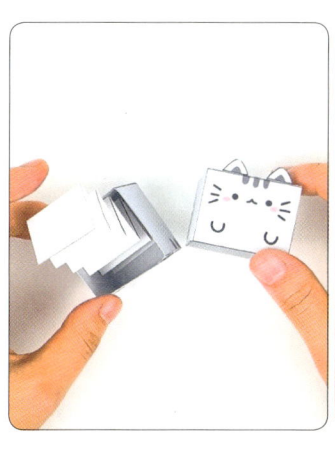 

09

몸통 안에 넣은 뒤 머리를 덮어요.

10

점핑토이 완성~ 손으로 누르면 튀어 오른답니다!

쭈니어 친구들 사랑해~

계속계속 누르고 싶은 버튼 팝잇 장난감

귀여운 캐릭터들이 그려져 있는 버튼이 콕콕 박혀있는 버튼 팝잇 장난감이에요! 키보드처럼 버튼을 누르는 재미가 정말 중독성 있답니다. 큰 버전과 작은 버전 둘 다 만들어서 가지고 놀아보세요~!

 함께 만들어요!

도안 179~192p

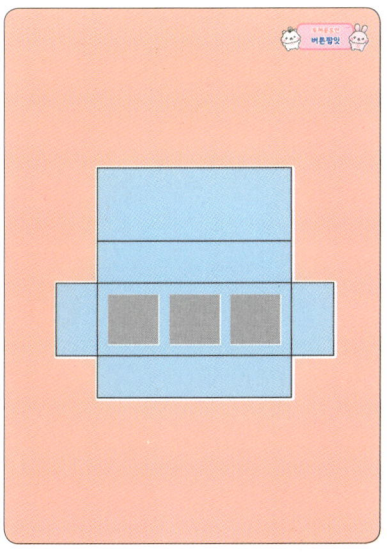

버튼 팝잇 장난감은 큰 버전과 작은 버전이 있어요.
만들고 싶은 버전을 알맞게 준비해주세요.

01
팝잇 박스 도안을 오려서 준비해요.

 02

가위로 안쪽 박스들을 잘라요.

Tip 칼을 사용하여 더 깔끔하게 잘라도 돼요!

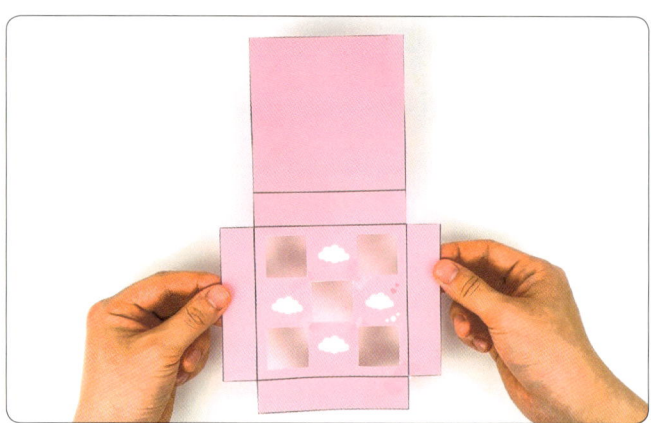

 03

테이프로 잘린 부분을 다시 붙여요.
이때, 테이프가 박스 구멍으로 삐져나오지 않게 작게 잘라 붙여주세요.

 04

선을 따라 접어요.

05

테이프로 모서리를 붙여요.

06

네 모서리 전부 붙여요.

07

긴 모서리들도 테이프로 전부 붙여요.

08

팝잇 박스 만들기 성공~!

09

팝잇 버튼을 개수에 맞게 준비해요.
큰 건 5개, 작은 건 3개면 돼요!

45

10

선을 따라 접어요.

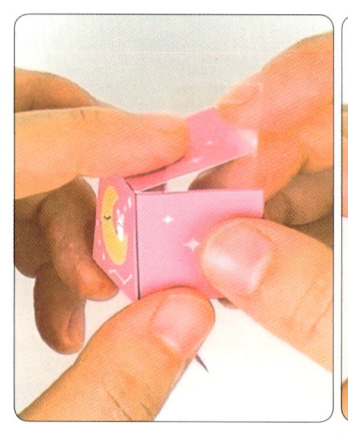 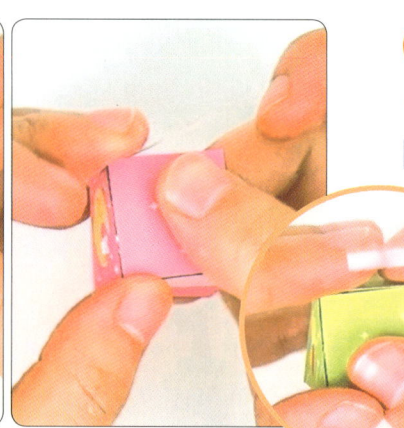

11

테이프로 모서리를 붙여요.

Tip 테이프를 길게 뜯어 한 번에 붙여도 편하답니다.

12

이렇게 큐브 형태가 되면 돼요!

13

전부 큐브 형태로 만들어요.

14

띠지를 두 개 준비해요.

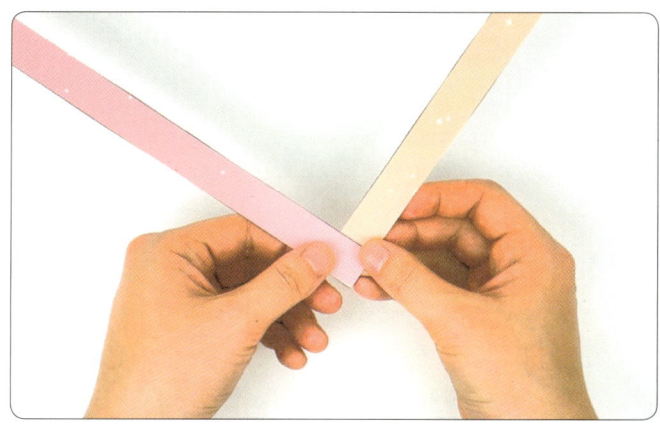

15

끝부분을 겹쳐요.

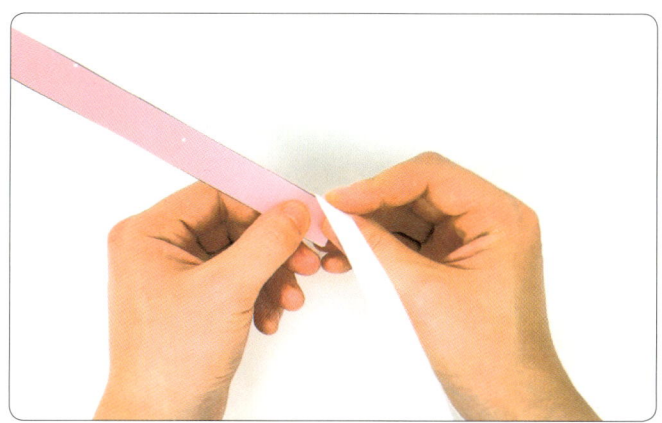

16

아래에 깔린 띠지를 꺾어서

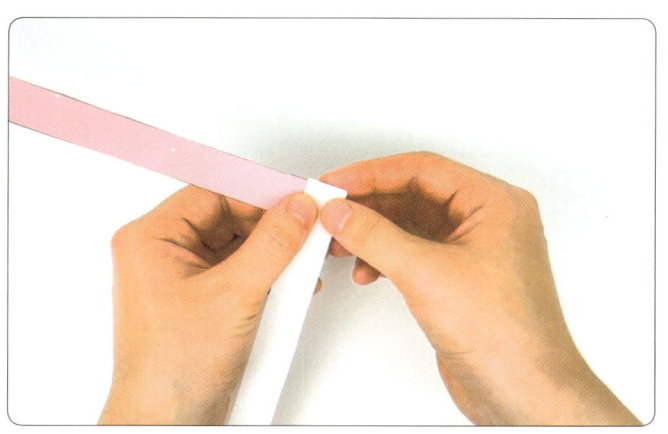

17

접어주세요.

18

그 상태에서 다시 아래에 깔린 띠지를

19

접어주세요.

20

이 과정을 계속 반복하다 보면...

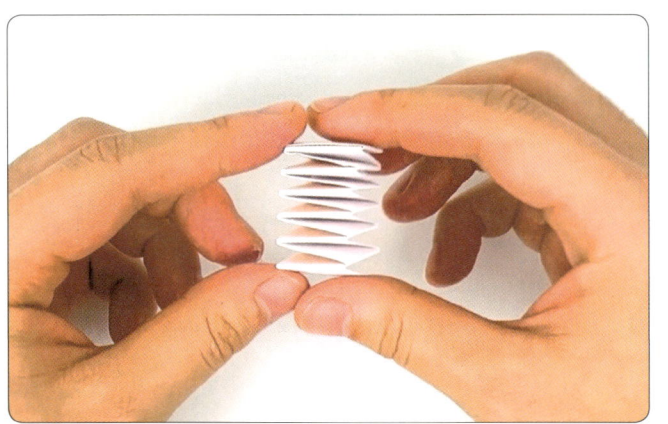

21

이렇게 스프링 모양이 돼요!

22 큰 건 5개, 작은 건 3개를 만들어요.

23 만든 것들을 전부 모아요.

24 스프링 한쪽 면에 풀칠한 후

25 큐브 안에 붙여요.

26 스프링의 반대쪽에도 풀칠한 후

27 팝잇 박스 안에 넣어 붙여요.

28 다 붙여주면 버튼 팝잇 장난감 완성!

세 개짜리 미니 버전도 똑같은 방식으로 만들 수 있어요.

장난감 완성!

계속계속 누르고 싶은 버튼 팝잇 장난감 완성~!

획획 바뀌는 반전인형 만들기

인형을 뒤집으면 새로운 캐릭터가 나오는 반전인형이에요! 무한대로 뒤집을 수 있답니다. 귀여운 캐릭터 두 가지를 골라 여러분만의 조합으로 예쁘게 만들어보세요!

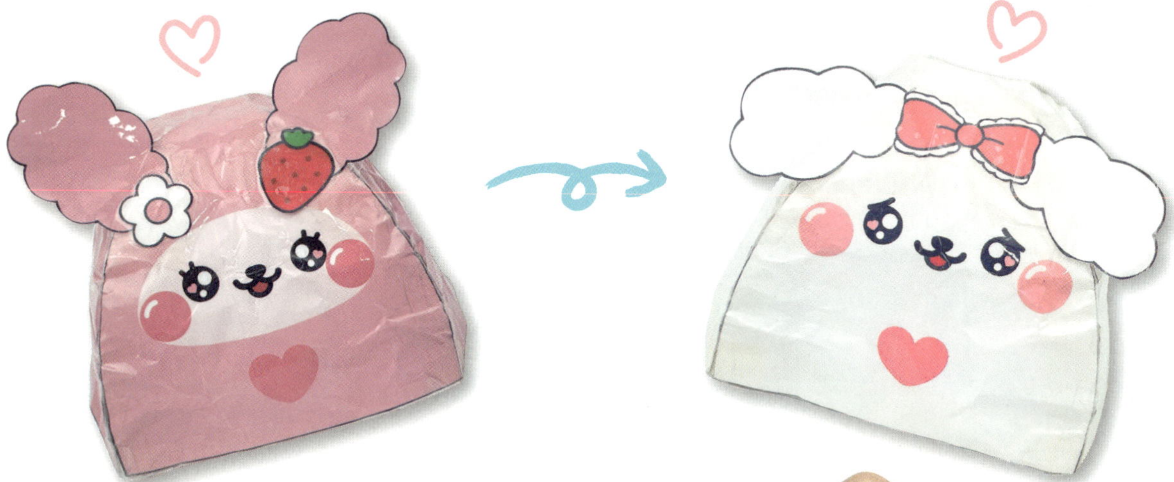

얼굴이 휙휙 바뀐다구!

총 6종류의 캐릭터

 함께 만들어요!

도안 105~116p

  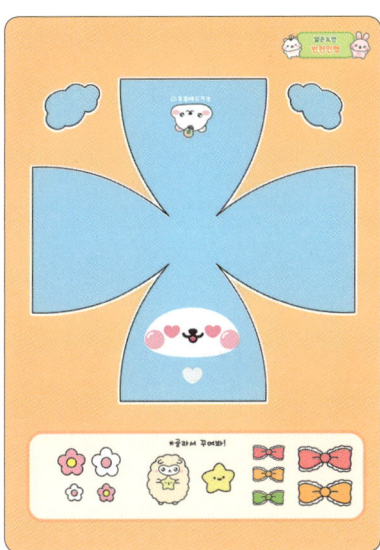

반전인형 도안은 얇은 도안 2장으로 구성돼요.
2가지 캐릭터를 골라 준비해주세요.

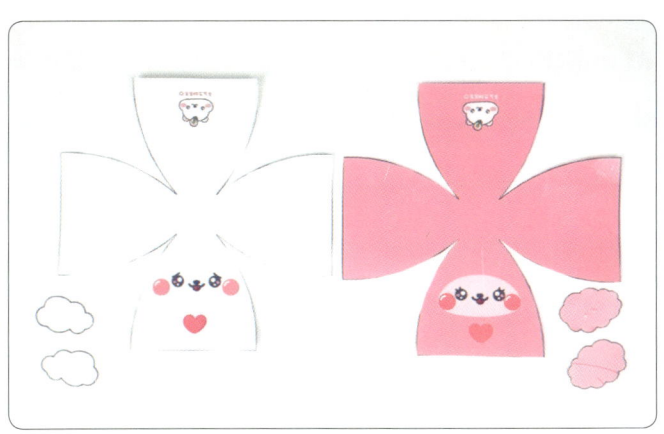

 01

도안을 테이프로 코팅한 후 오려서 준비해요.

02

몸통 도안을 반으로 살짝 접어요.

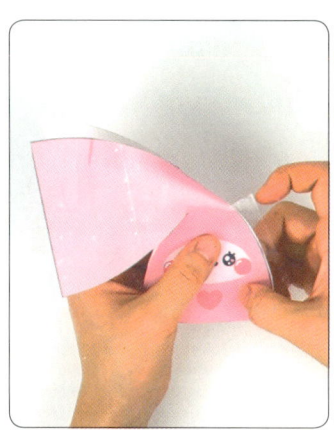

03

모서리에 테이프를 붙인 뒤 가위로 조각조각 내 주세요.

04

테이프로 한 조각씩 붙여요.

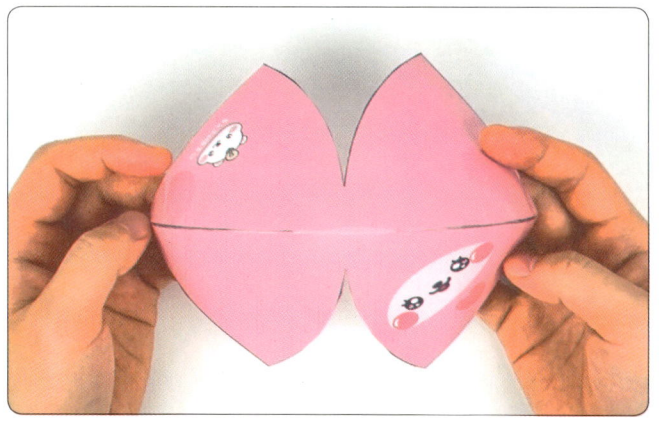

05

이렇게 잘 붙여지면 성공!
마주 보는 두 개의 모서리를 붙여주세요.

 06

반대 방향으로 반으로 다시 접어준 뒤

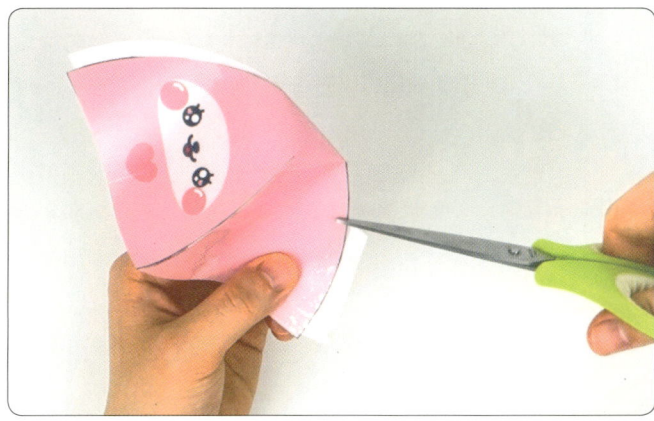

 07

똑같이 모서리에 테이프를 붙여 조각조각 내어 붙여요.

08

네 개의 모서리를 모두 붙여요.

 09

나머지 캐릭터의 몸통도 똑같이 만들어요.

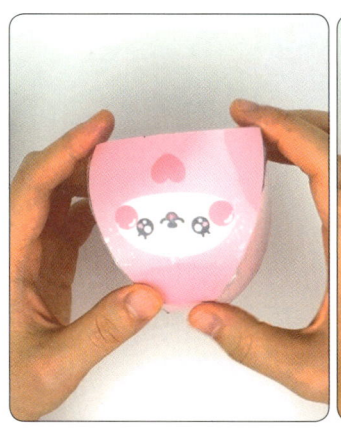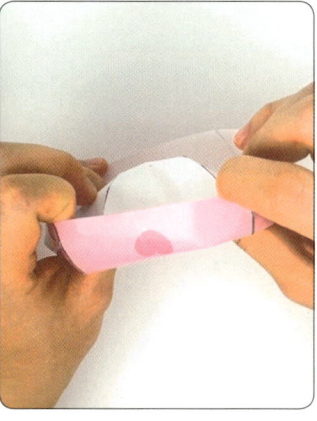

 10

캐릭터 하나를 천천히 뒤집어요.

Tip 이때 모서리에 붙인 테이프가 떨어지지 않게 조심히 뒤집어주세요~

 11

이렇게 뒤집어주면 돼요!

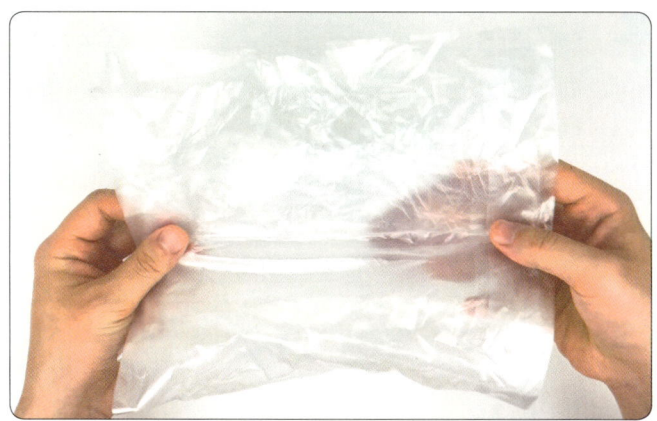

 12

비닐을 하나 준비해요.

Tip 휴지로 대체할 수 있어요!

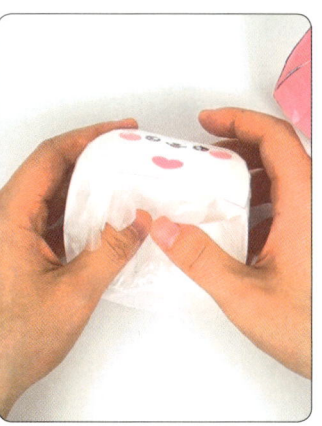

13

인형 안에 들어갈 수 있도록 접어 넣어요.

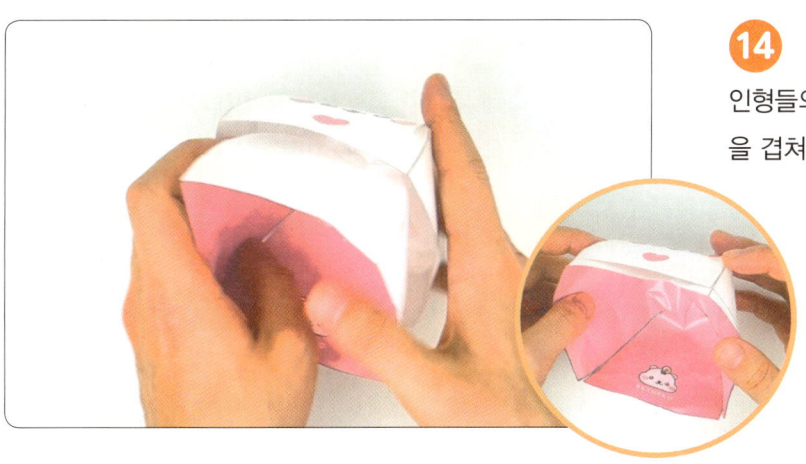

14

인형들의 얼굴이 같은 방향을 향하도록 두 인형을 겹쳐주세요.

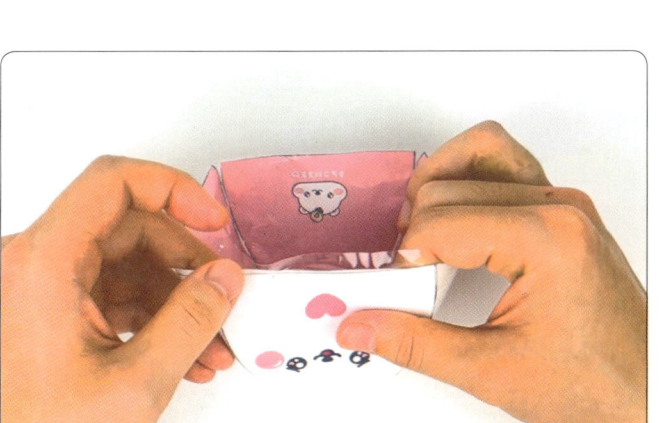

15

모서리에 테이프를 붙여서

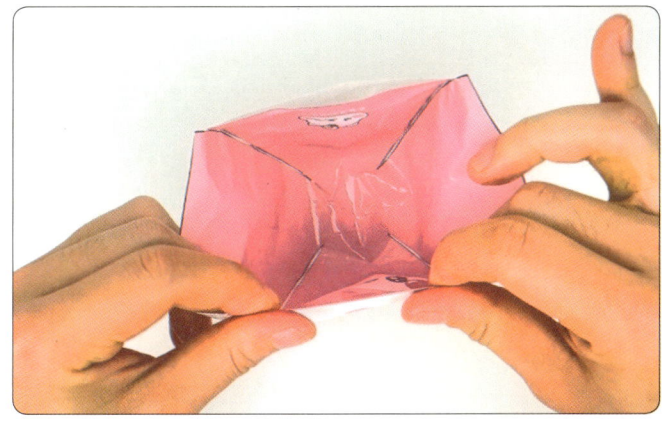

16

안으로 꺾어 붙여요.

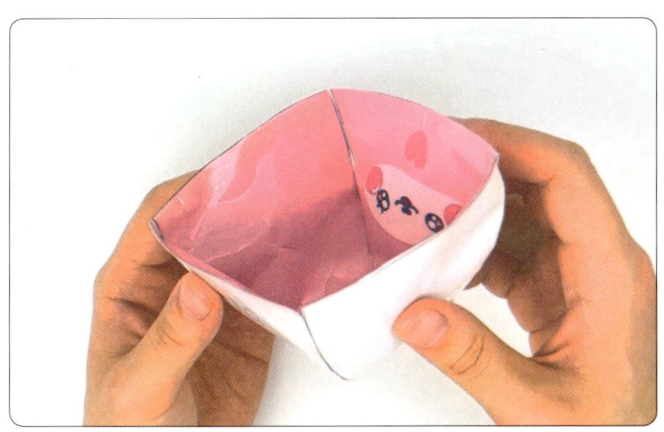

17

네 개의 모서리를 다 붙여요.

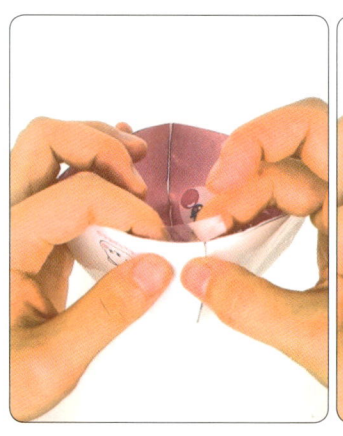 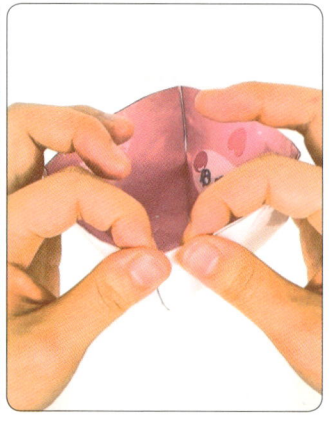

18
네 개의 가장자리 모두 가장자리 부분에만 따로 테이프를 두 번 정도 붙여요.

Tip 이 과정을 해야 뒤집을 때 찢어지지 않아요!

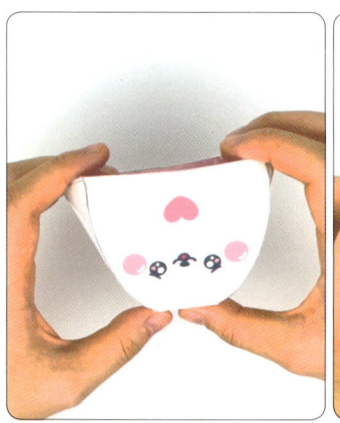 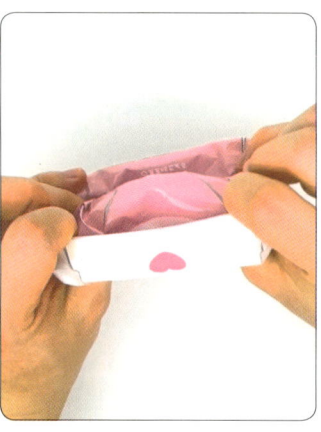

19
이제 뒤집히면 성공!

Tip 처음에는 많이 뻣뻣할 수 있지만 몇 번 뒤집다 보면 부드러워질 거예요.

20
캐릭터의 귀와 꾸밀 것들을 준비해요.

21
테이프로 귀를 붙여요.

22

귀 뒷면도 테이프로 고정시켜 튼튼하게 해주세요.

23

테이프로 각종 액세서리를 붙여 꾸며보아요.

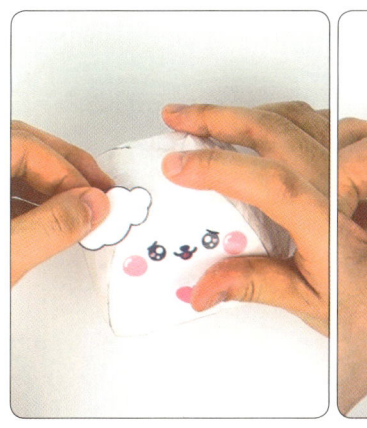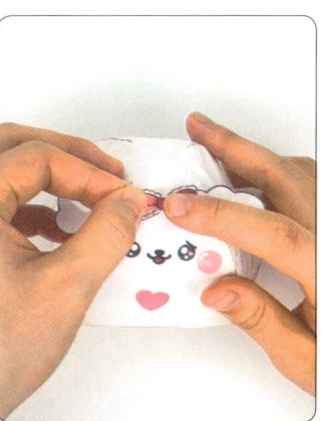

24

뒤집어서 반대쪽 캐릭터도 꾸며요.

뒤집으면 휙휙 바뀌는 반전인형 완성~!

장난감 완성!

다른 캐릭터들도 만들어보세요~

친구들과 만들기 할 때가
가장 즐거워!

흔들흔들~ 러블리펫 오뚝이 스퀴시 만들기

이렇게 귀염뽀짝한 오뚝이 친구들을 보셨나요? 흔들흔들 오뚝이로 가지고 놀 수도 있고 말랑말랑 스퀴시로 가지고 놀 수도 있답니다! 그럼 이제 귀여운 동물 친구들을 만나러 가볼까요~?

흔들흔들~

흔들흔들~

흔들흔들~

도안 117~126p

오뚝이 도안은 얇은 도안 1장으로 구성돼요.
다섯 가지 캐릭터 중 하나를 골라 준비해주세요.

01

도안의 앞면을 테이프로 전부 코팅한 뒤 오려요.

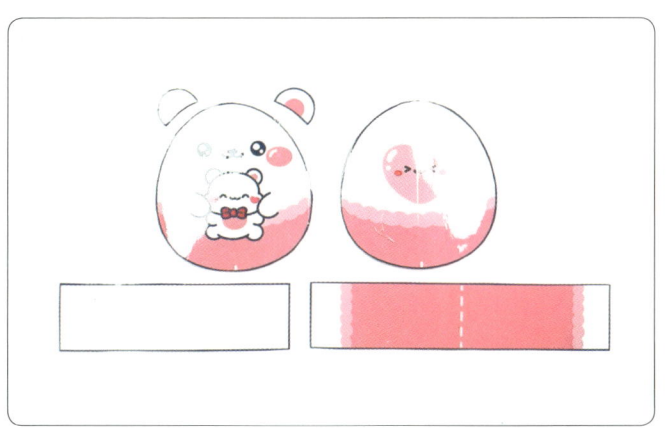

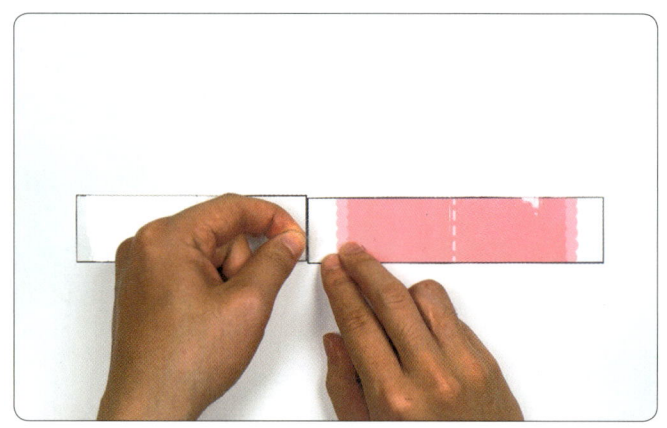

02

테이프로 기다란 띠 도안 두 개를 하나로 이어 주세요.

03

뒷면에도 테이프를 붙여 이어줍니다.

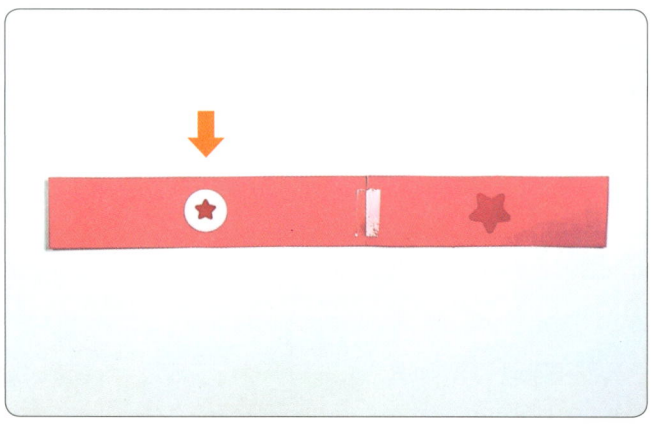

04

띠 뒤쪽을 보면 동전 크기의 별이 그려진 원이 있을 거예요.

05

이 원 위에 100원 혹은 10원짜리 동전을 놓은 뒤

06

테이프로 고정해요. 이 과정을 두 번 반복하며 두 개의 동전을 붙여요.

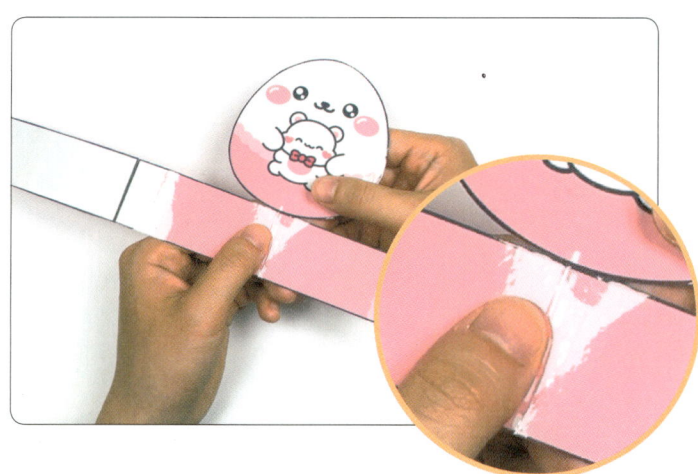

07

오뚝이 띠 중앙에 오뚝이 앞면을 알맞게 대어주세요.

Tip 중간에 있는 흰색 선을 이어주세요!

08

테이프를 붙여 이어주세요.

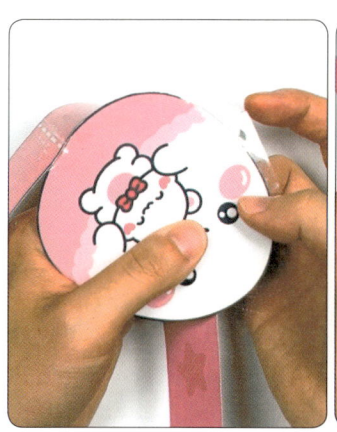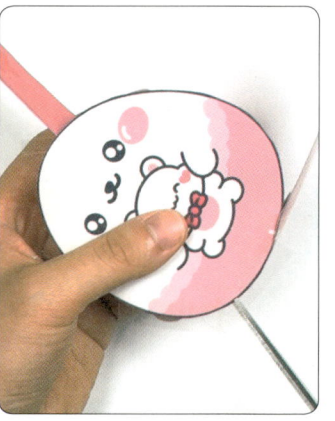

09

캐릭터의 모서리에 테이프를 붙인 뒤 가위로 조각조각 낼 거예요.

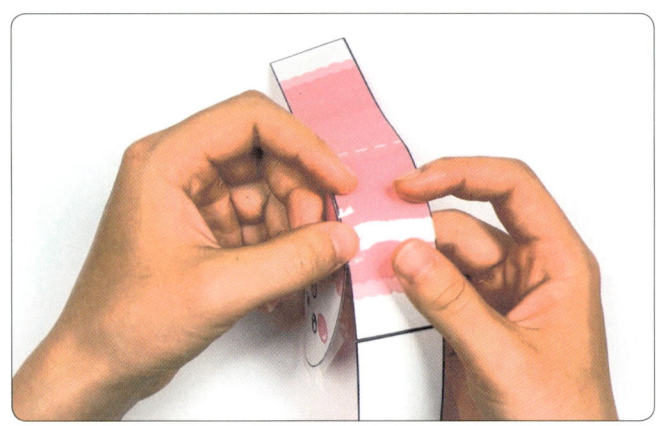

10

한 조각씩 붙여요.

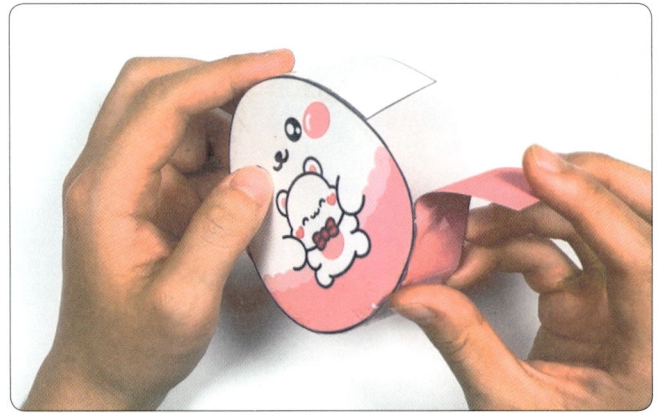

11

솜 넣을 구멍만 남겨두고 전부 붙여요.

12

반대쪽 면에도 가장자리에 테이프를 붙여 조각 조각 낸 뒤

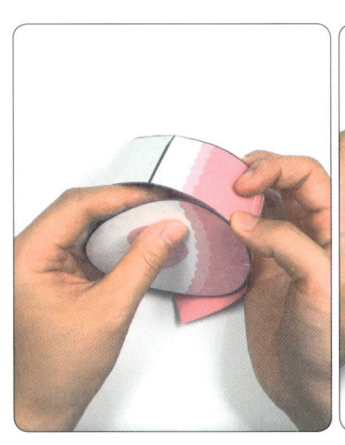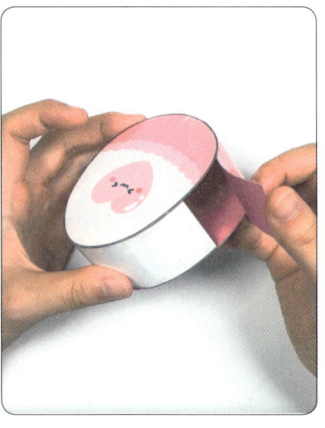

13

솜 구멍만 남기고 전부 붙여요.

14 솜을 준비해요.

15 너무 빵빵해지지 않게 적당히 넣어요.

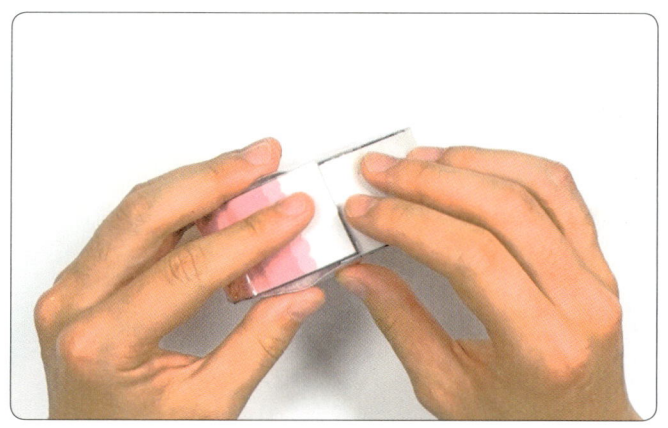

16 다 넣었으면 옆에 띠를 눌러준 뒤

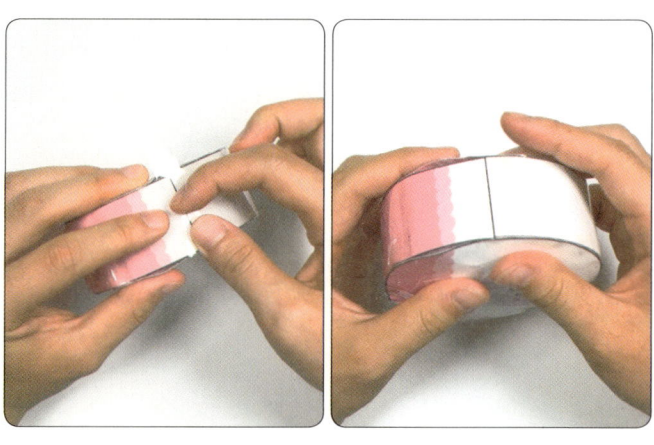

17 테이프를 붙여 고정해요.

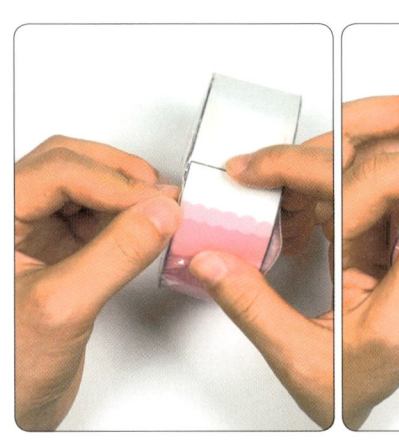 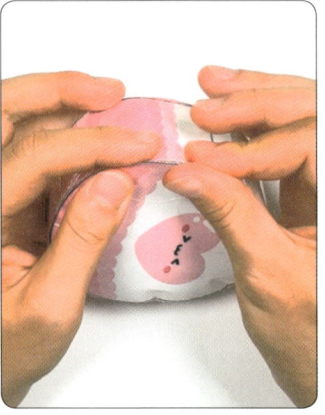

18

뚫려있는 모서리 부분에도 테이프를 붙여 막아요.

19

이제 꾸밀 장식과 귀를 준비해요.

20

테이프로 하나씩 붙여요.

21

뒷면에도 테이프를 붙여서 튼튼하게 만들어주면 좋아요.

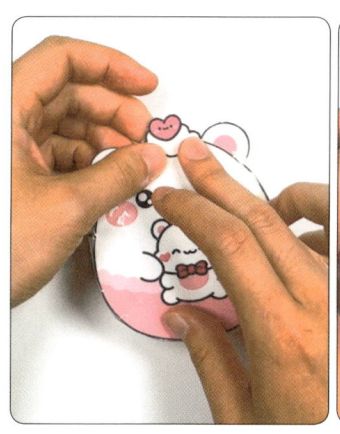 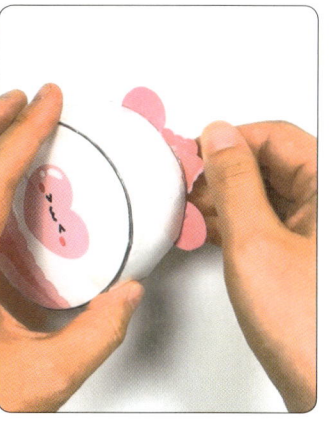

22

장식도 앞뒷면 튼튼하게 붙여주면..!

23

귀여운 오뚝이 스퀴시 완성~!

 흔들흔들 재밌는 오뚝이~

장난감 완성!

5마리의 동물 친구들♥

곰돌이 랜덤 스퀴시 자판기 만들기

자판기 버튼을 누르면 스퀴시가 뽕! 하고 나오는 곰돌이 자판기예요. 작동원리가 간단하면서 정말 재밌는 장난감이랍니다. 달콤한 과자 스퀴시가 계속계속 나온다니 상상만 해도 정말 즐겁지 않나요? 만들어서 가족 혹은 친구와 함께 재밌게 놀아봐요!

 **함께 만들어요!**

도안 127~130p, 193~200p

  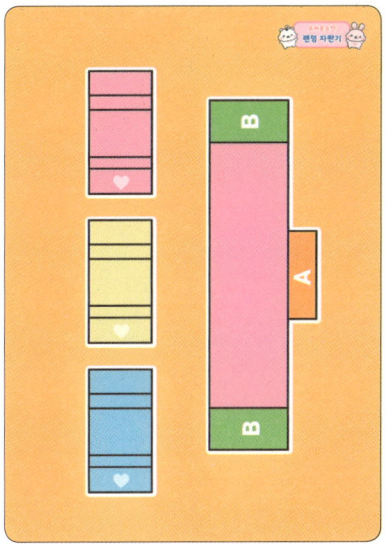

랜덤 스퀴시 자판기 도안은 두꺼운 도안 4장, 얇은 도안 2장으로 구성돼요.

 자판기 만들기

01

먼저 두꺼운 도안 파트에서 곰돌이 자판기 도안을 전부 오려 준비해요.

02

흰색 네모 구멍들을 가위로 슝슝 오려요.

03

테이프로 잘린 부분을 다시 붙여요.

04

도안 조각들을 사진처럼 배치해요.

> **Tip** 이때, 딸기가 그려진 도안이 곰돌이 오른쪽에, 별이 그려진 도안이 곰돌이 왼쪽에 오게 해주세요!

05

테이프로 도안 조각들을 하나로 이어주세요.

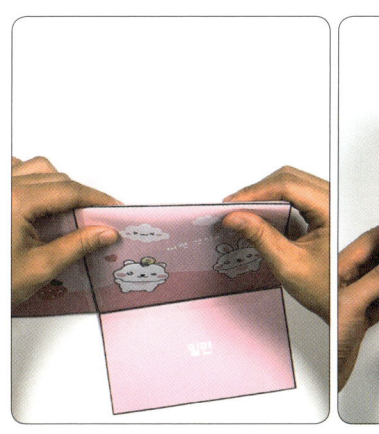 

06
하나로 이은 도안을 접어요.

 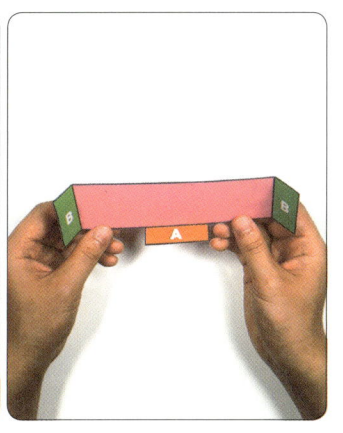

07
받침대 도안도 사진처럼 접어요.

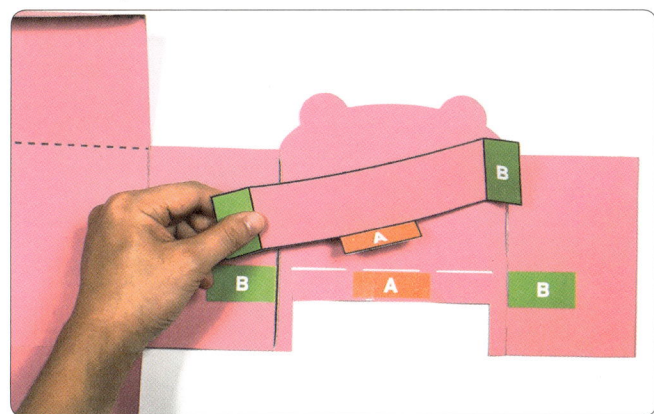

08
접은 받침대를 자판기 안쪽에 붙여줄 거예요.
A는 A에, B는 B에 붙여요.

09
먼저 A부터 풀칠하고 꾹꾹 눌러 붙여요.

10

B도 똑같이 풀칠한 후 꾹꾹 붙여요.

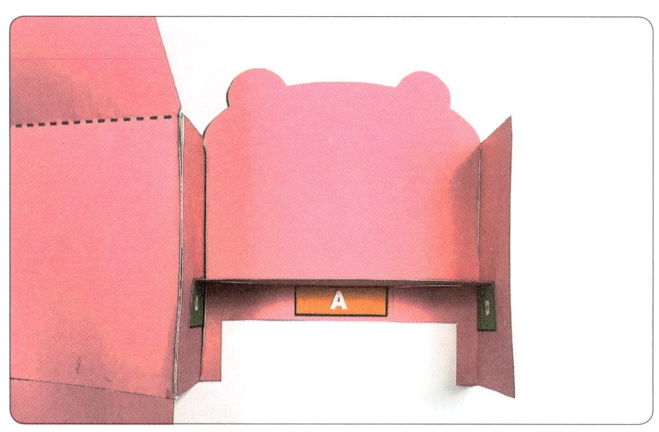

11

이렇게 안쪽에 거치대가 고정되면 성공!

12

자판기를 덮어 테이프로 모서리를 고정해요.

13

밑면을 덮고 밑면 모서리도 붙여요.

14

작은 모서리 부분도 빼먹지 않고 붙여주세요.

15

위쪽 뚜껑은 빼고 전부 붙여주면 된답니다.

Tip 스퀴시를 넣어야 하므로 위에 뚜껑은 붙이지 말아주세요~

16

손잡이 도안을 준비해요.

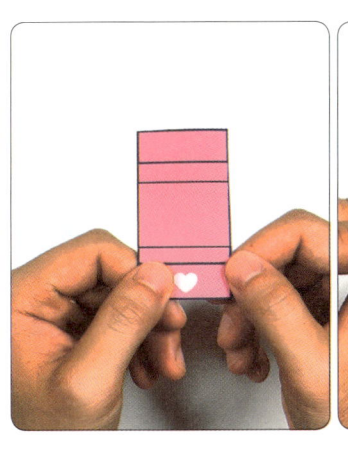

17

손잡이를 지그재그로 접어요.

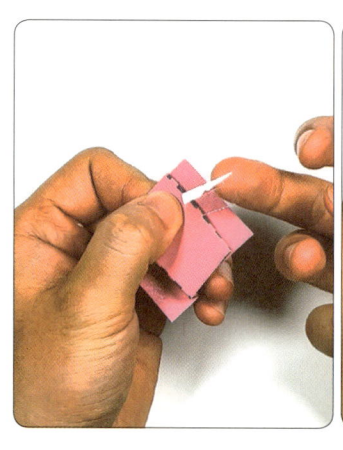 

18

꾹 눌러준 뒤 테이프로 고정해요.

 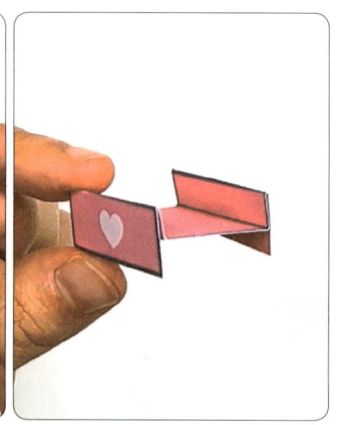

19

양쪽 다 눌러서 고정하면 손잡이 모양이 된답니다.

20

손잡이를 세 개 다 만들어요.

21

이제 만든 손잡이를 넣어줄 차례예요. 손잡이를 꾸욱 눌러 납작하게 만든 뒤

22

안쪽에 넣어주세요.

23

세 개 다 넣어주면 자판기 완성!

스퀴시 만들기

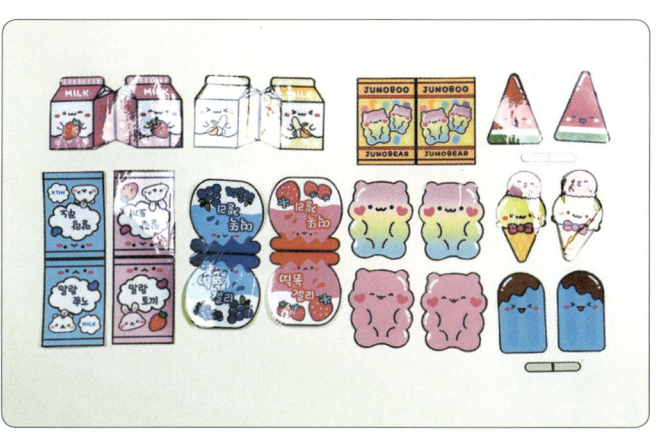

24

스퀴시 도안의 앞면을 넓은 테이프로 코팅한 후 오려요.

> **Tip** 자판기 놀이를 할 때 스퀴시는 3개 이상만 있으면 돼요. 너무 많다면 골라서 만들어봐요!

 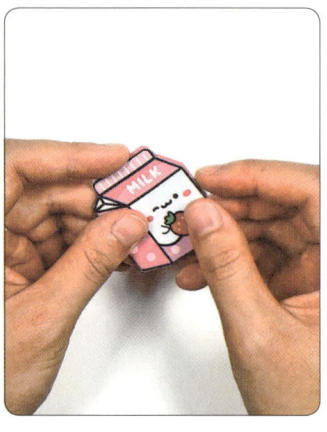

25

똑같은 도안 두 장을 겹쳐요.

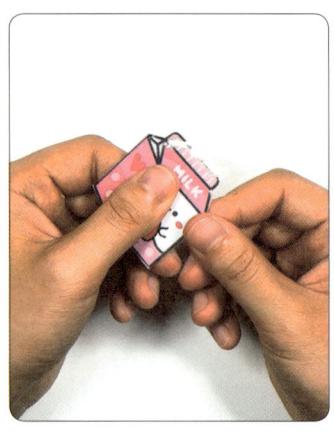 

26

모서리에 테이프를 붙인 뒤 가위로 조각조각 내 줄 거예요.

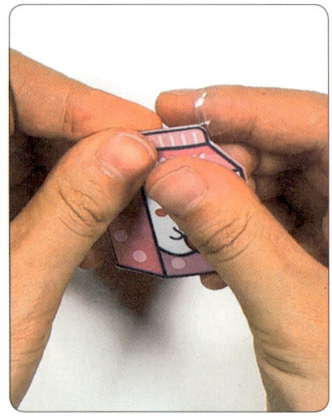 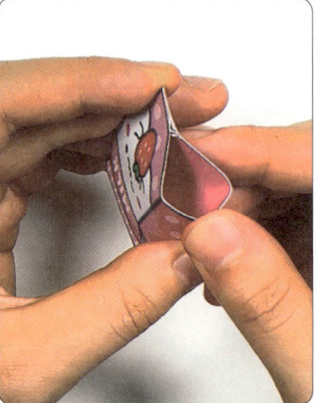

27

조각 난 테이프를 한 조각씩 붙여요. 오른쪽 사진처럼 솜 들어갈 구멍만 남겨주고 다 막아요.

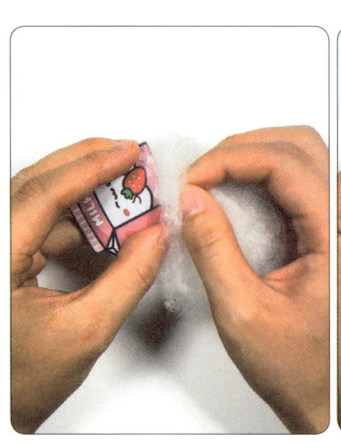 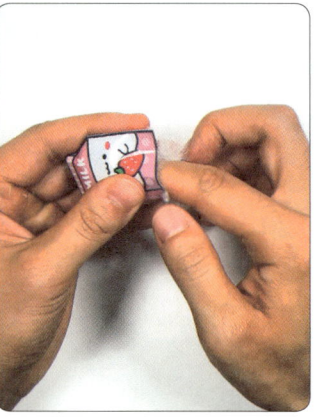

28

구멍 속으로 솜을 적당히 넣어요.

Tip 솜을 너무 많이 넣지 않도록 주의해주세요~ 눌렀을 때 폭신할 정도로만 넣어주기!

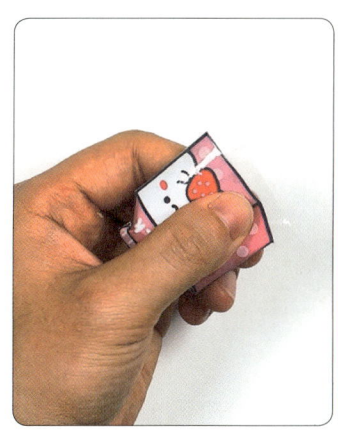 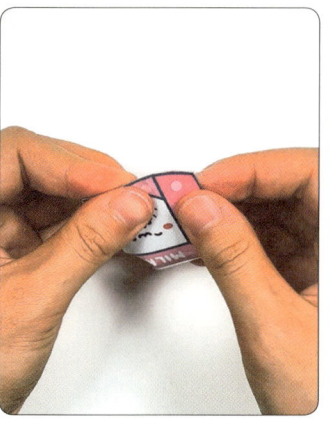

29

마지막으로 솜 구멍도 테이프로 막아요.

30

귀여운 스퀴시 완성!

31

아이스크림 막대기는 반으로 접은 뒤 풀 또는 테이프로 붙여요.

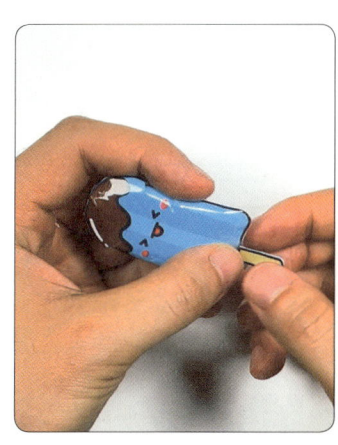 

32

테이프로 합체시켜주면 완성!

놀이 방법

33 만든 자판기와 스퀴시를 준비해요.

34 자판기 뚜껑을 열어 안쪽에 스퀴시들을 올려요.

35 버튼을 누르면 버튼이 스퀴시를 밀어내면서 스퀴시가 뒤로 떨어진답니다.

36 그럼 곰돌이 자판기와 함께 재밌게 놀아보세요!

장난감 완성!

직접 만든 스퀴시뿐만 아니라 원래 가지고 있던
작은 장난감들도 넣어서 가지고 놀면,
재미가 배가 될 거예요!

달콤달콤~ 디저트 스퀴시 만들기

보기만 해도 한입 베어 물고 싶은 귀여운 디저트 친구들이에요. 탱글탱글 푸딩부터 화끈화끈 떡꼬치까지 다양한 스퀴시가 준비되어 있답니다! 폭신폭신하고 말랑말랑한 디저트 친구들~ 함께 만들러 가볼까요!

 함께 만들어요!

도안 131~138p

  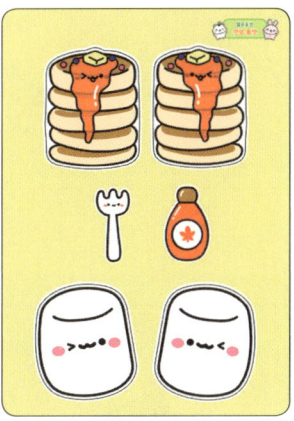 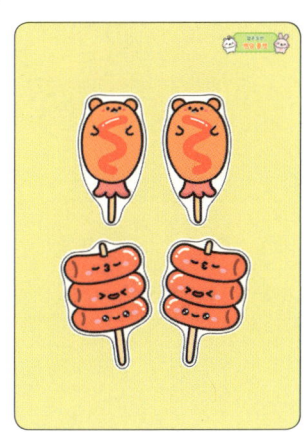

디저트 스퀴시 도안은 총 4장이에요.
마음에 드는 캐릭터를 골라 만들어보세요.

01
도안을 코팅한 후 오려요.

02
같은 도안 두 장을 겹친 후 모서리에 테이프를 붙여요.

03

테이프를 가위로 조각조각 낸 후

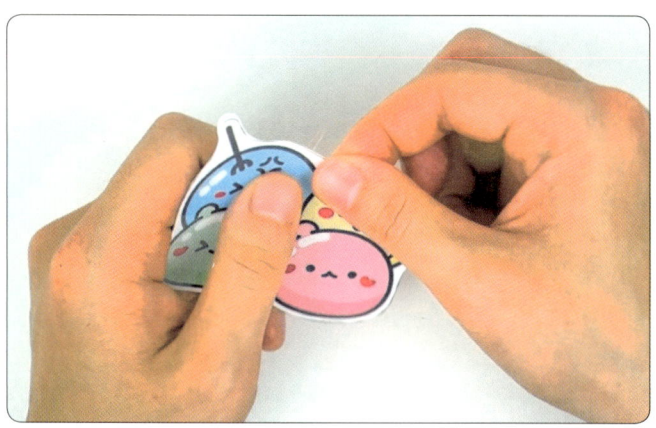

04

한 조각씩 붙여요.

05

솜이 들어갈 구멍만 남기고 다 막아주세요.

06

솜을 적당히 채워보아요.

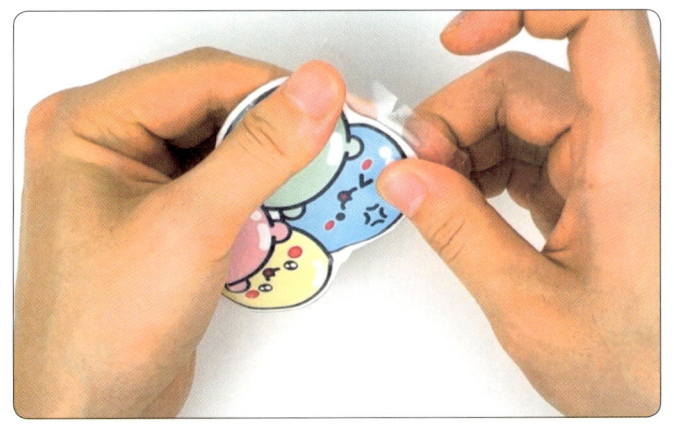

07

솜 구멍에도 테이프를 붙인 후

08

조각조각 내어 붙여요.

09

말랑말랑 스퀴시 완성!

어떤 장난감이 나올까? 랜덤 룰렛 뽑기 세트

앞서 만든 디저트 스퀴시들을 넣어 랜덤 뽑기를 할 수 있는 장난감이에요! 고양이 룰렛을 돌려서 나온 숫자 주머니를 열면 랜덤으로 디저트 스퀴시가 있답니다. 친구와 함께 재밌는 랜덤 룰렛 뽑기 놀이를 해보세요!

룰렛을 휘리릭 돌려봐~

함께 만들어요!

도안 139~150p, 201~208p

룰렛 세트는 룰렛 도안 2장, 룰렛 판 도안 2장, 룰렛 주머니 도안 6장으로 구성돼요.

01

룰렛과 룰렛 판 도안을 준비해요.

02

튼튼하게 만들기 위해 많이 두꺼운 종이를 준비해요.

Tip 많이 두꺼운 종이는 두꺼운 종이를 2장 정도 겹쳐 붙이거나 과자 상자 또는 하드보드지를 이용하면 돼요!

87

03

많이 두꺼운 종이 위에 도안을 다 붙인 뒤 오려요.

04

룰렛 도안을 준비해요.

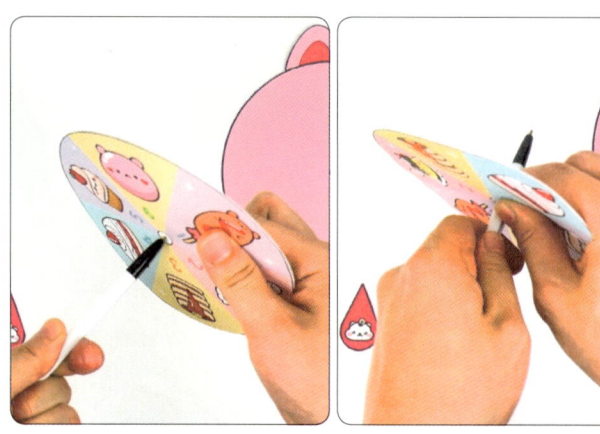

05

동그란 판의 가운데 구멍을 뚫어 줄 거예요. 볼펜 또는 송곳같이 뾰족한 물건으로 살살 돌려주면 구멍이 뚫린답니다.

> **Tip** 이 과정이 어려운 친구들은 부모님 또는 주변 어른에게 부탁해요~!

06

이렇게 구멍이 뽕~ 뚫리면 돼요.

07

빨대 하나를 준비한 후 짧게 잘라요.

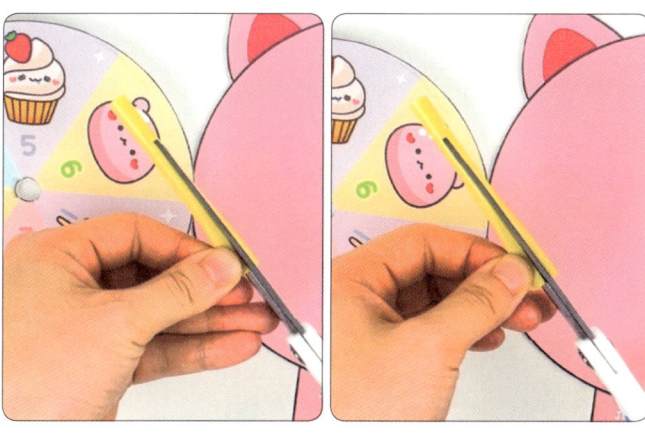

08

빨대 끝부분을 한번 잘라준 뒤 살짝 돌려서 한 번 더 잘라요.

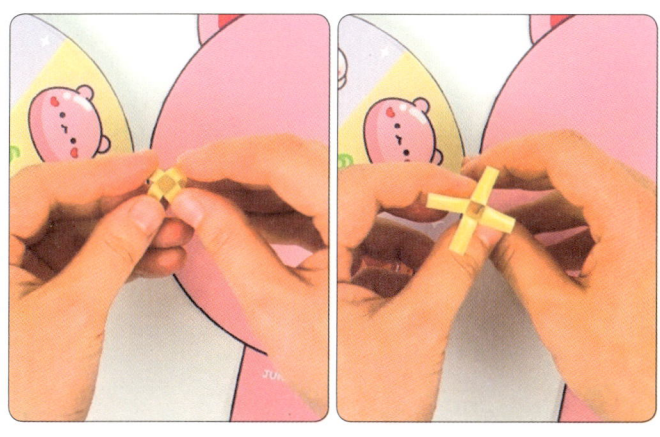

09

이렇게 문어발처럼 4등분해서 접어요.

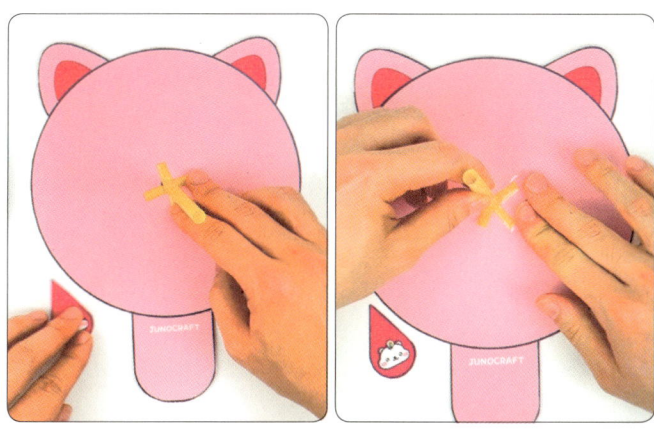

10

빨대를 룰렛 가운데에 놓고 테이프로 고정해요.

11

테이프로 튼튼하게 고정해요.

12

원형 판을 빨대에 끼워요.

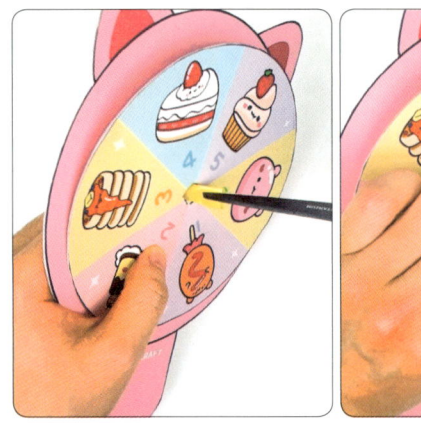

13

빨대를 짧게 잘라준 뒤 08번 설명처럼 똑같이 두 번 잘라줍니다.

14

자른 빨대를 문어발처럼 접어요.

15

회전핀 뒷면에 양면테이프를 붙인 후 빨대 위에 붙여요.

Tip 양면테이프의 접착력이 약해서 떨어질 경우 스카치테이프를 추가로 붙여도 돼요. 글루건이나 강력 접착제 등을 사용해도 된답니다.

16

잘 돌아가면 룰렛은 완성~

17

이제 뽑기 판을 만들어볼까요?

18

판 가운데 부분에 풀칠한 뒤 서로 붙여요.

19

캐릭터 장식도 풀칠해서 붙여요.

20

이제 뽑기 주머니를 만들 거예요.

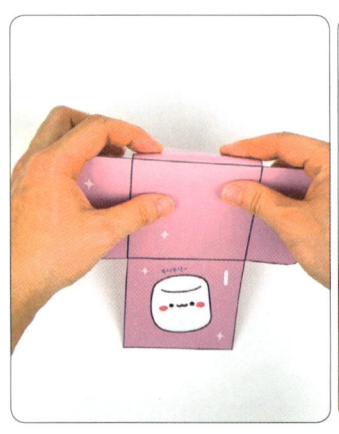 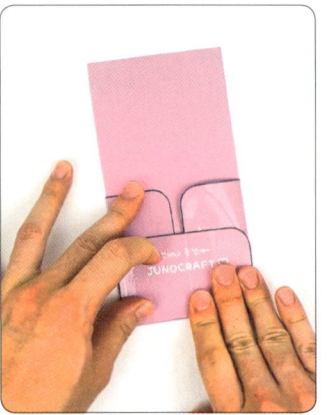

21

선을 따라 접어요.

22

양면테이프를 붙여 주머니를 닫아주세요.

> **Tip** 양면테이프를 붙이기 전에 그 부분에 미리 테이프를 붙이면 더 튼튼해져서 주머니를 열었다 닫아도 찢어지지 않아요.

23

같은 방법으로 여섯 개를 모두 만들어요.

24

양면테이프로 주머니들을 뽑기 판에 붙여요.

25

여섯 개 모두 붙여주면 완성~

26

주머니를 열어 앞에서 만들었던 디저트 스퀴시를 넣은 뒤 다시 닫아주세요.

이제 친구와 함께 룰렛을 돌려 나온
번호의 주머니를 열어보세요~
과연 안쪽에는 뭐가 있을까요~?
재밌는 게임이 될 거예요!

우린 언제나 함께야!

Part 3
피젯토이&스퀴시 도안

책에서 소개하는 피젯토이&스퀴시를 모두 만들어 볼 수 있는 도안을 준비했어요.
원하는 도안을 선택해서 재미있는 종이 장난감을 만들어보아요.

얇은도안
다마고치

*골라서 꾸며봐!

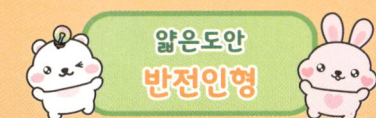

*골라서 꾸며봐!

109

얇은도안 **반전인형**

*골라서 꾸며봐!

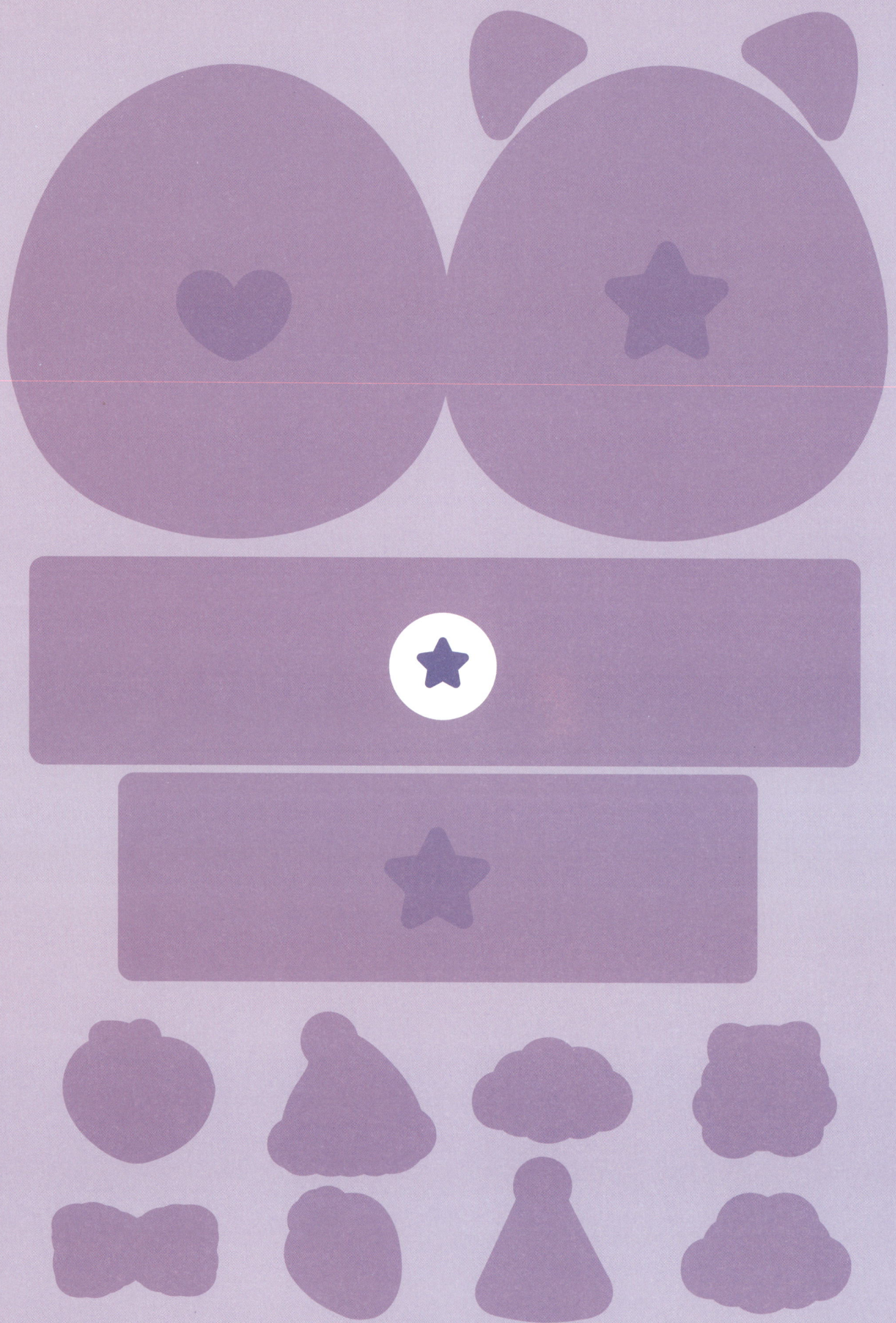

124

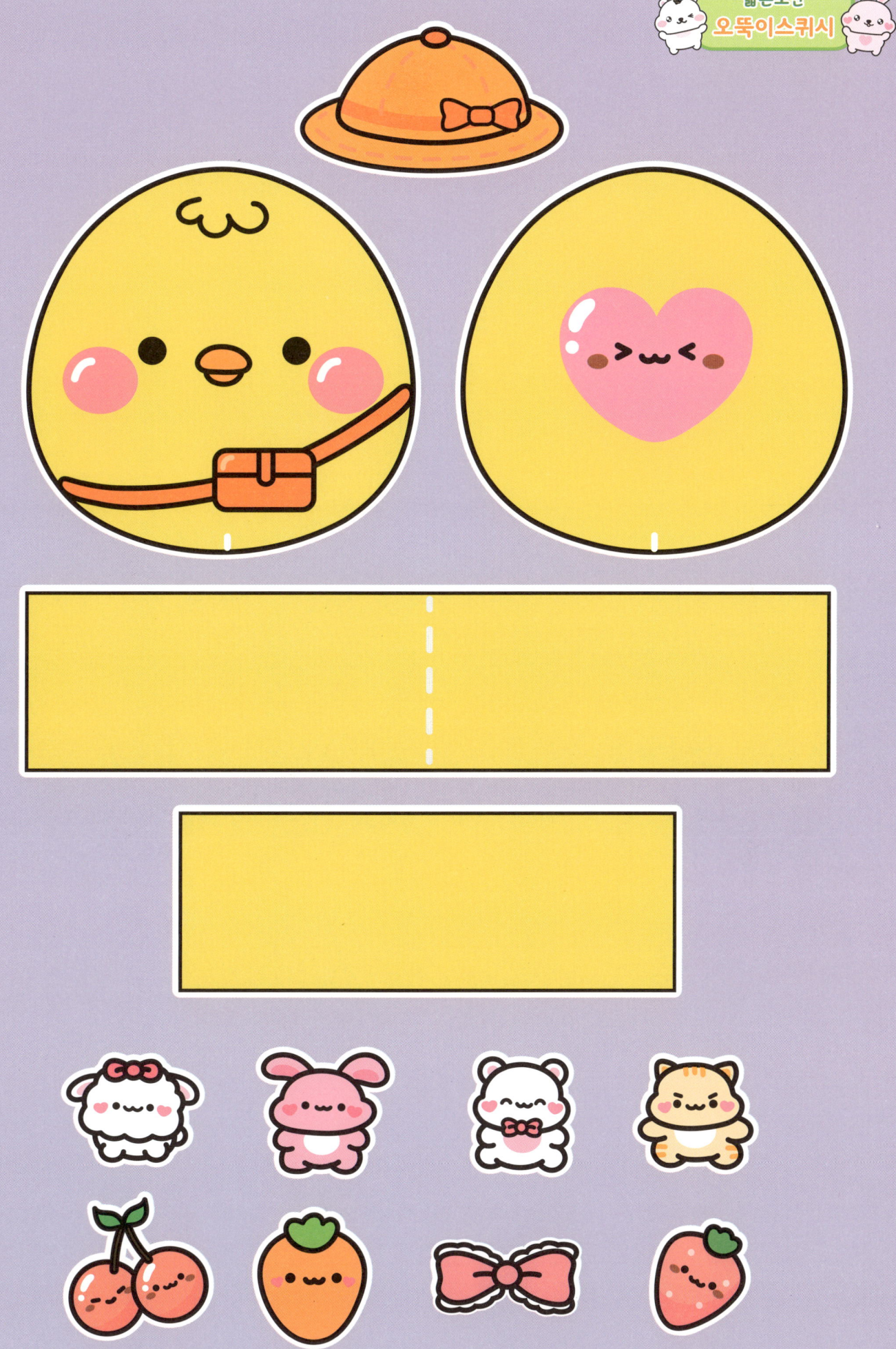

127

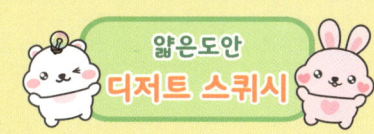

135

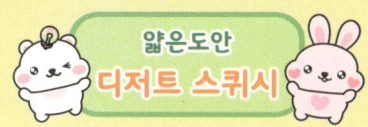

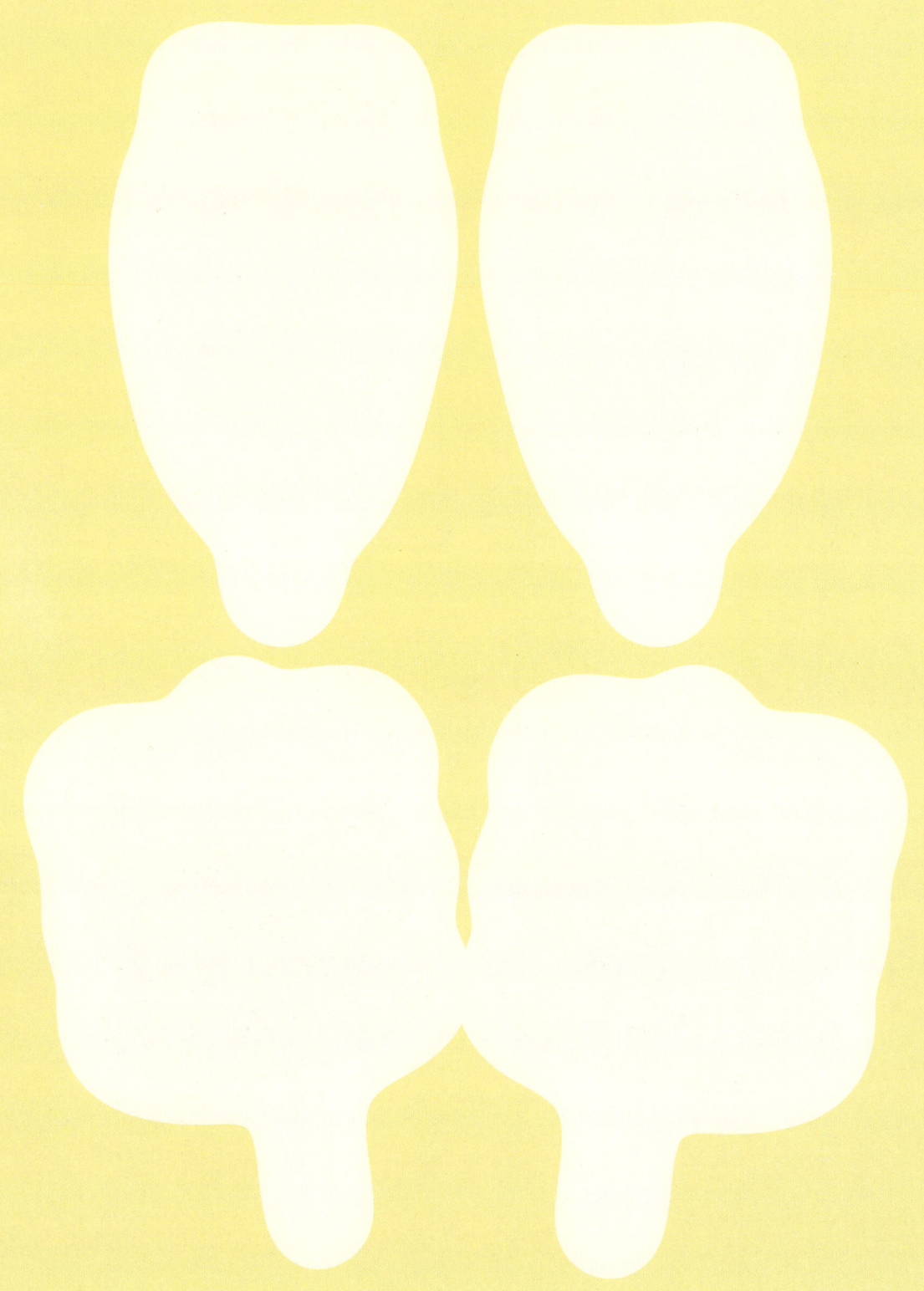

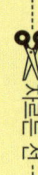
자르는 선

자르는 선

즐거운 일만 나타나랏
JUNOCRAFT ♡

3

피곤할 땐
당 충전!

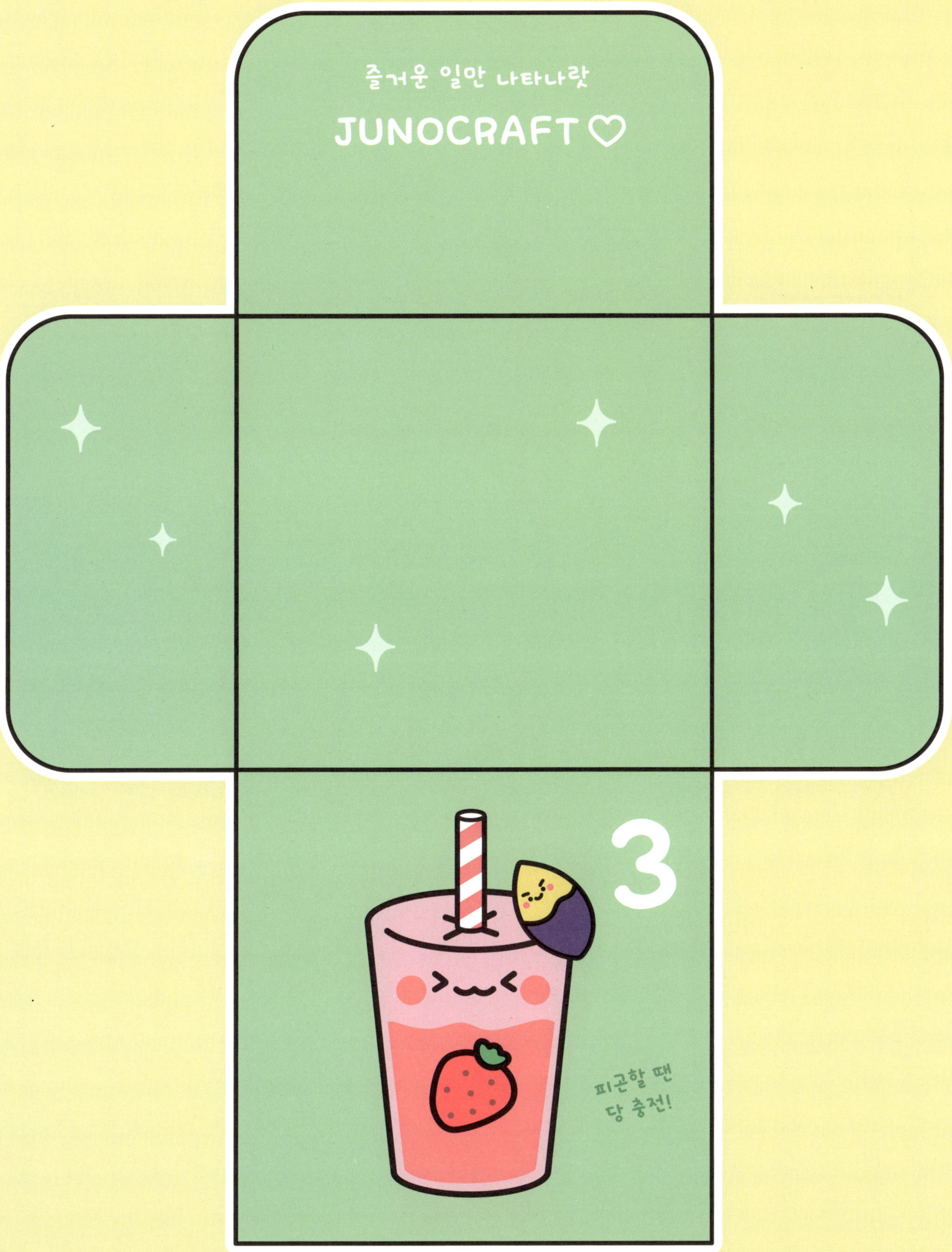

자르는 선

오늘 하루 행운이
JUNOCRAFT ♡

5

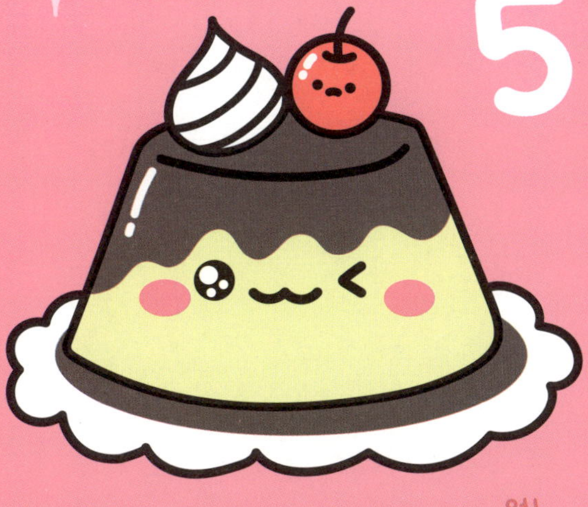

내가 젤 귀여웡!

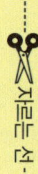
자르는 선

148

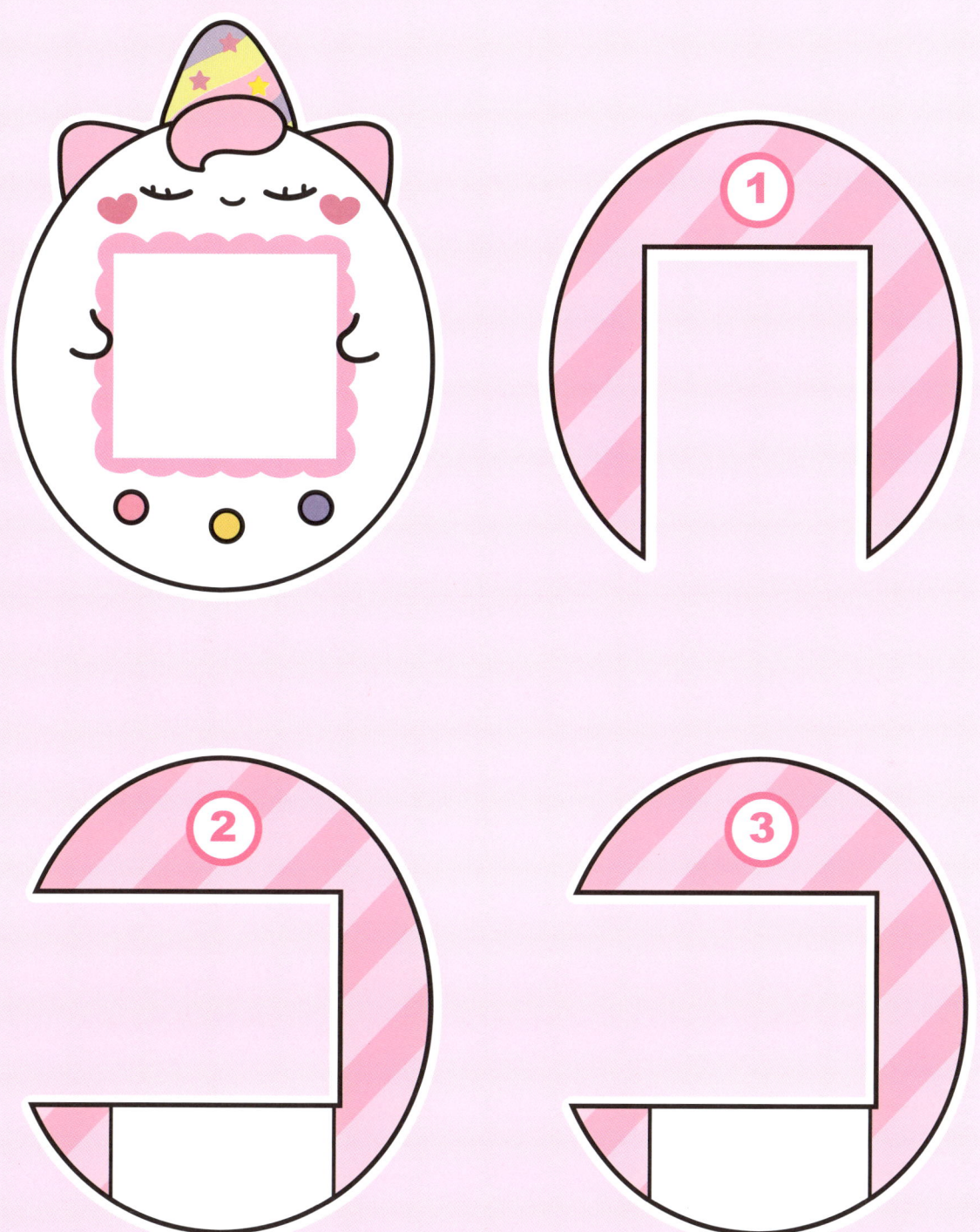

꿈을 이뤄주는 유니콘 ⭐

다마고치

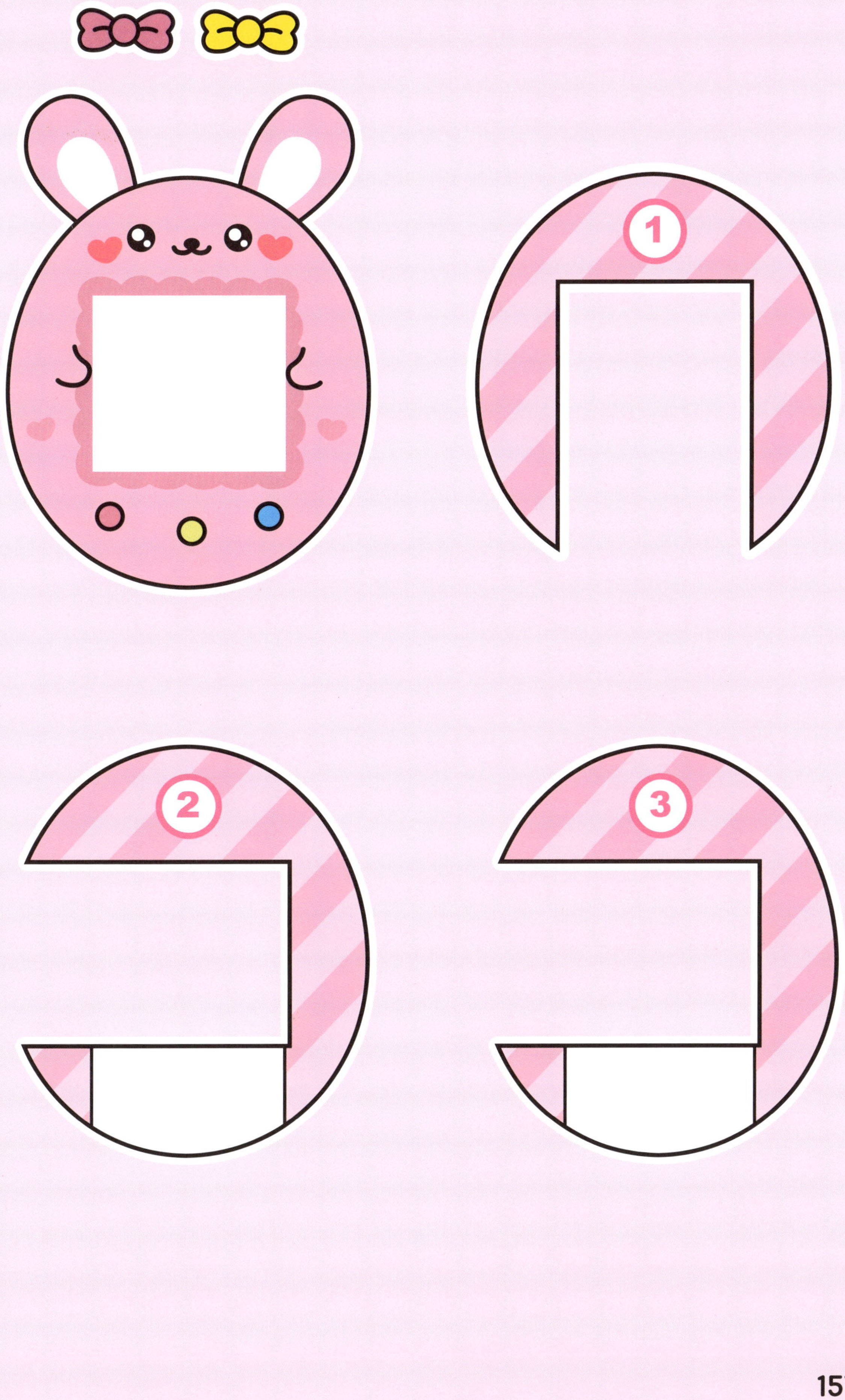

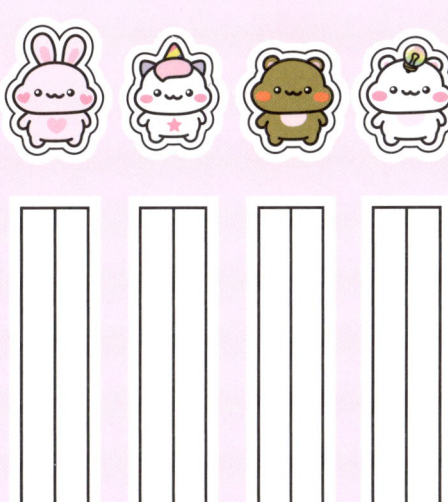

두꺼운도안
다마고치

세상에서 가장 반짝한 토끼 ★

159

세상에서 가장 큰 귀여움 ★

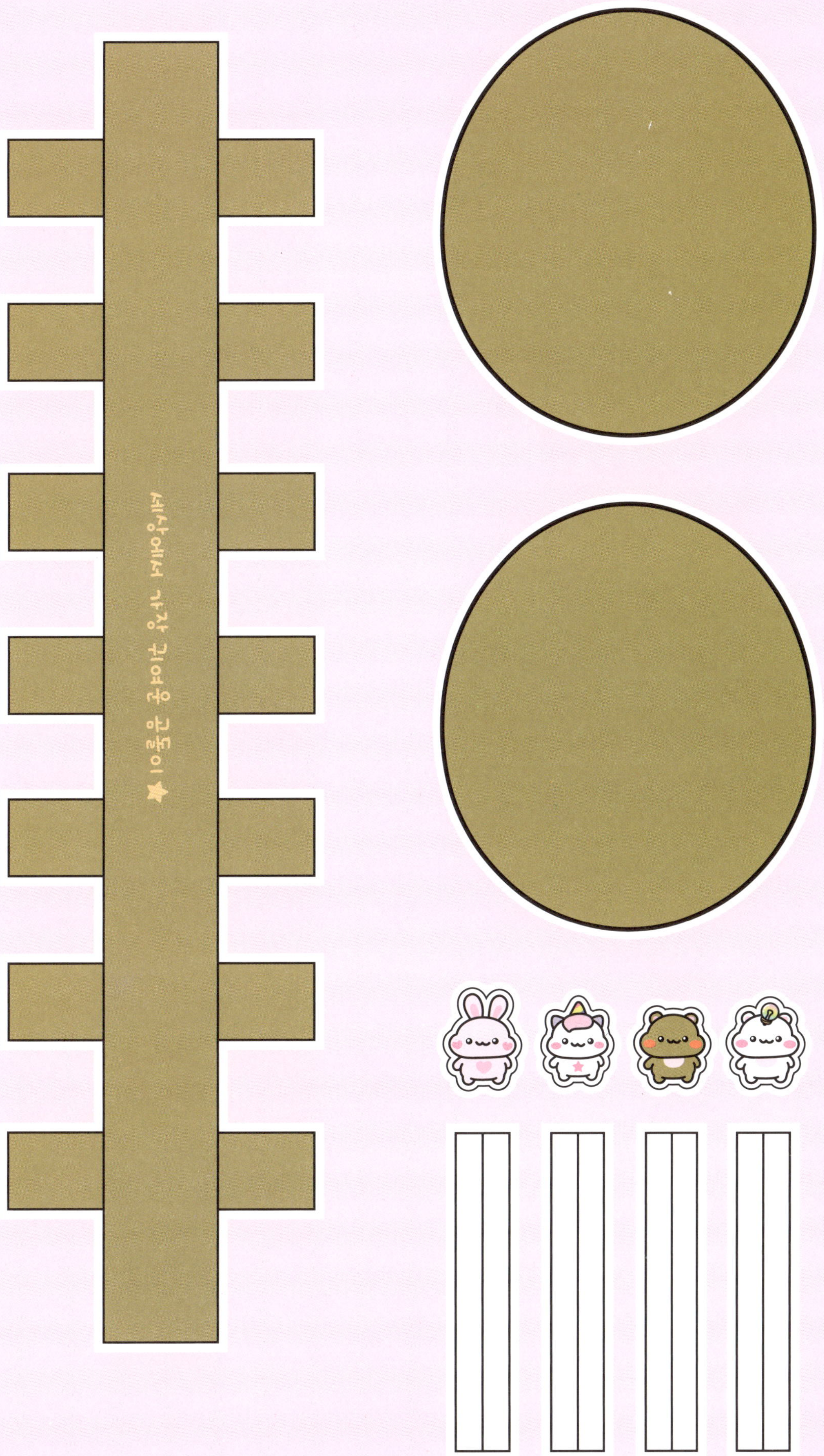

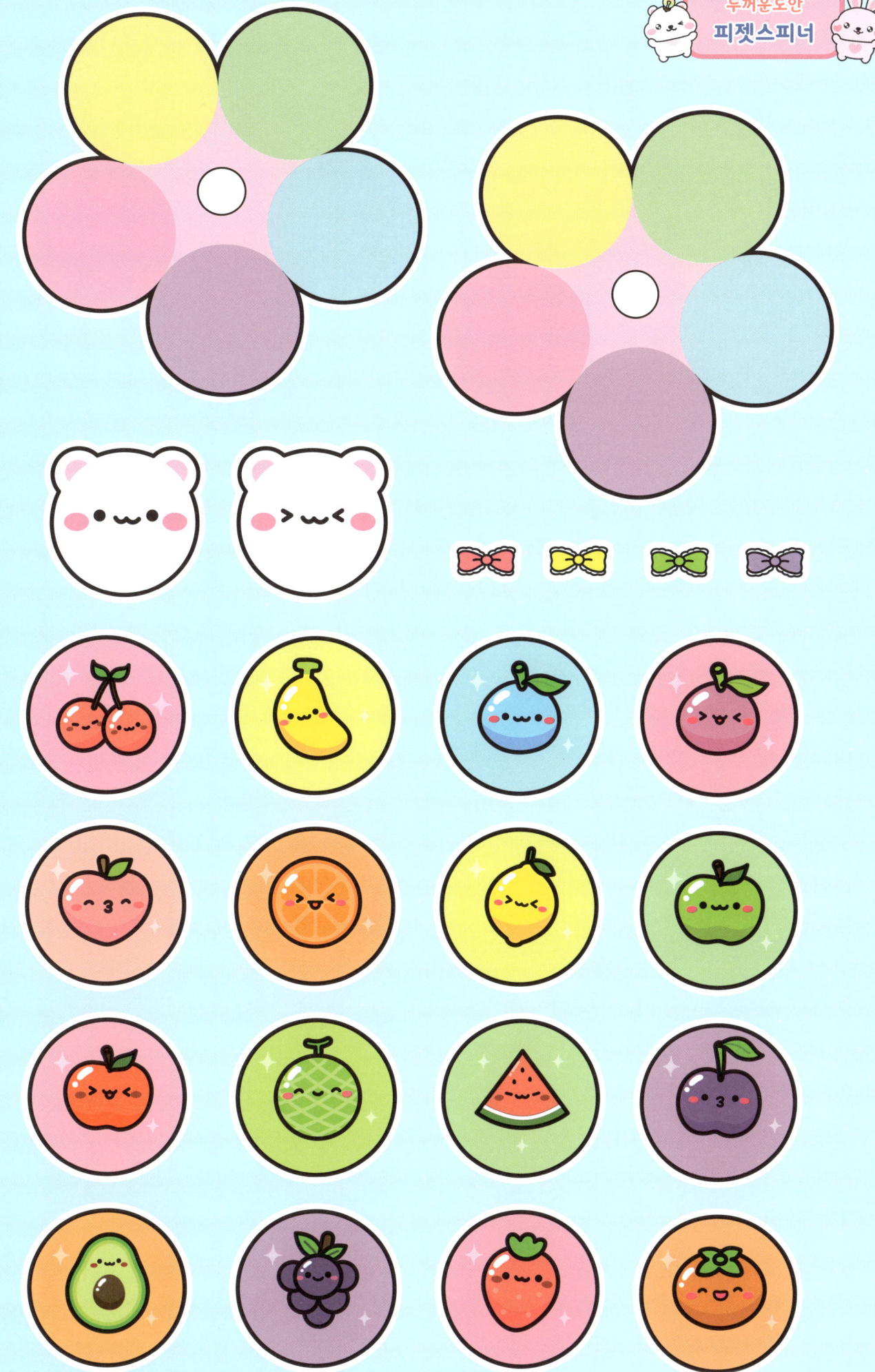

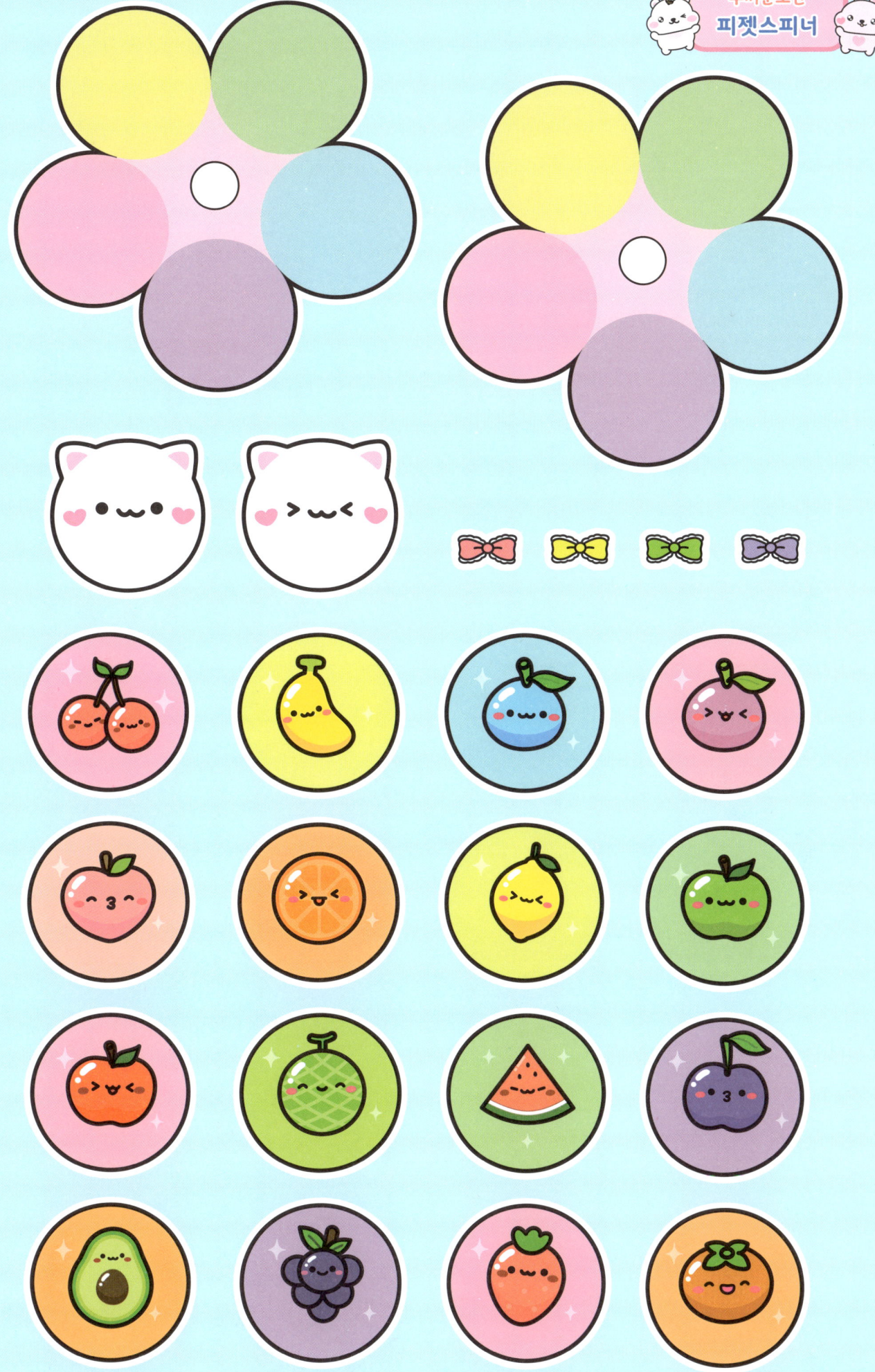

두꺼운도안
피젯스피너

내 맘대로 직접 꾸미는 피젯스피너!

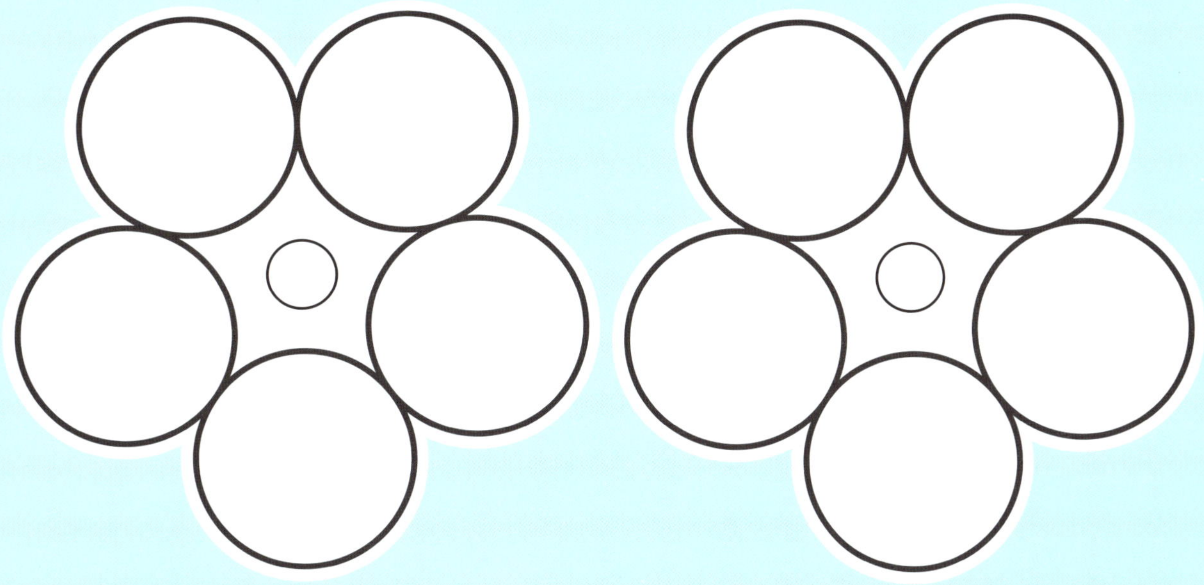

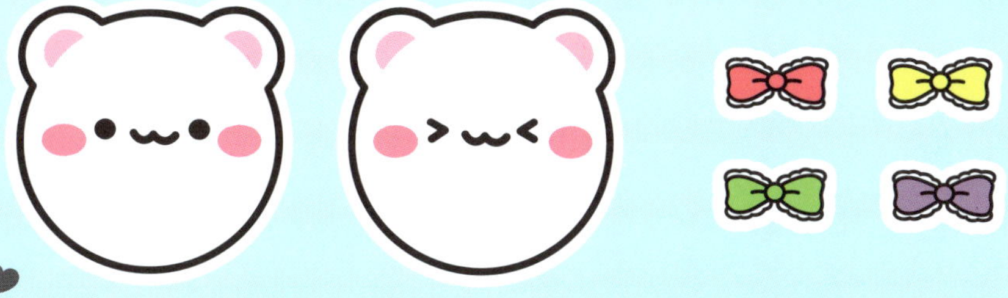

이쁘게 색칠해죠~

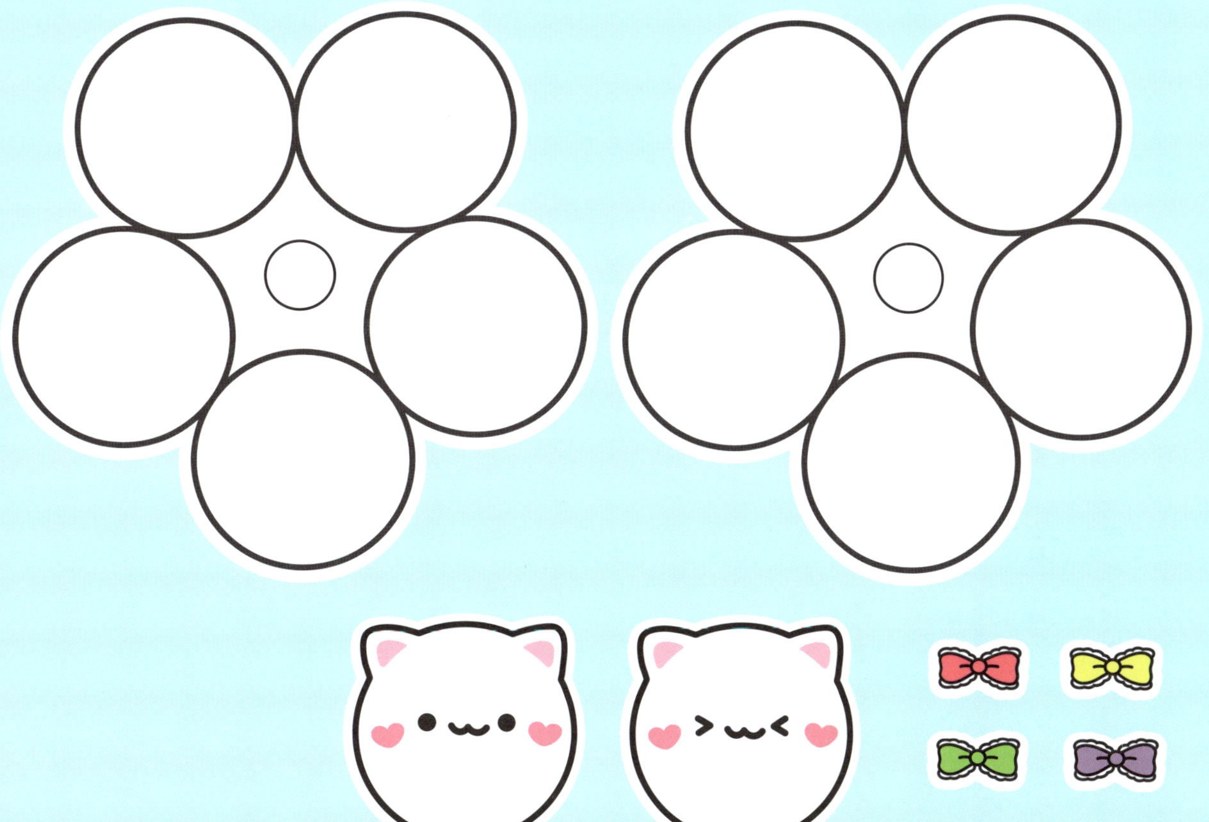

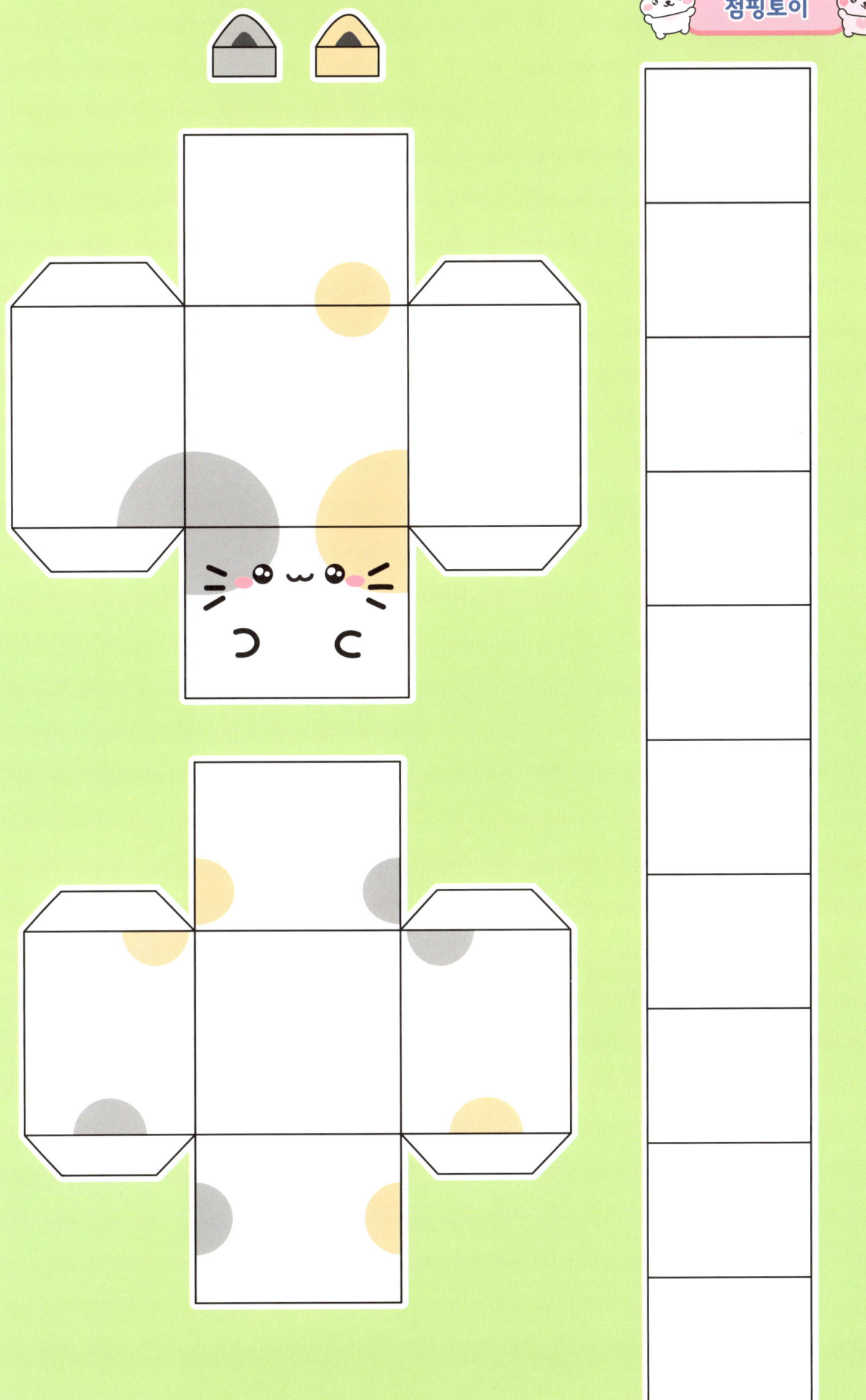

174

175

176

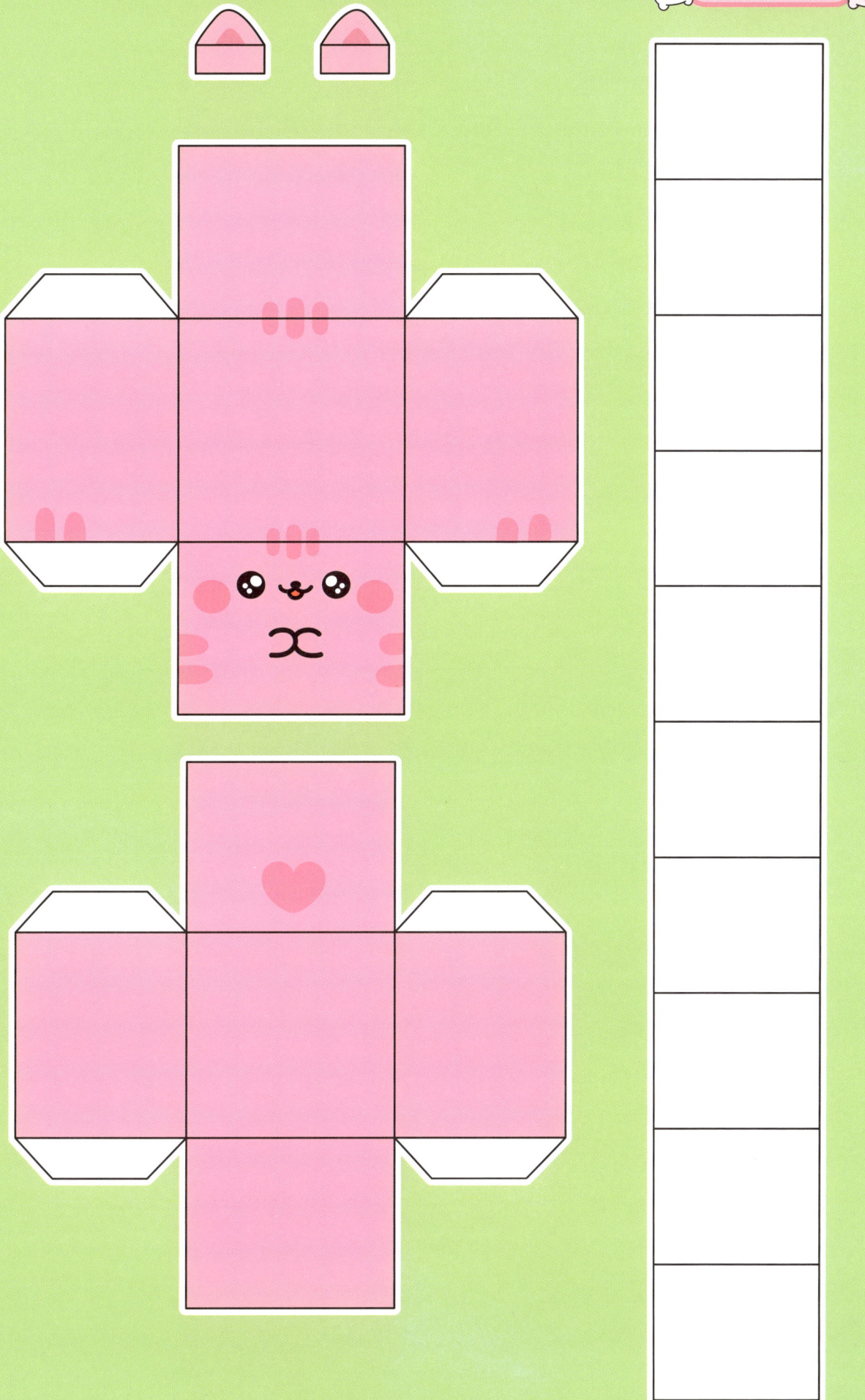

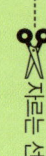
178

180

자르는 선

181

182

자르는 선

두꺼운도안
버튼팝잇

187

자르는 선

자르는 선

자르는 선

194

자르는 선

199

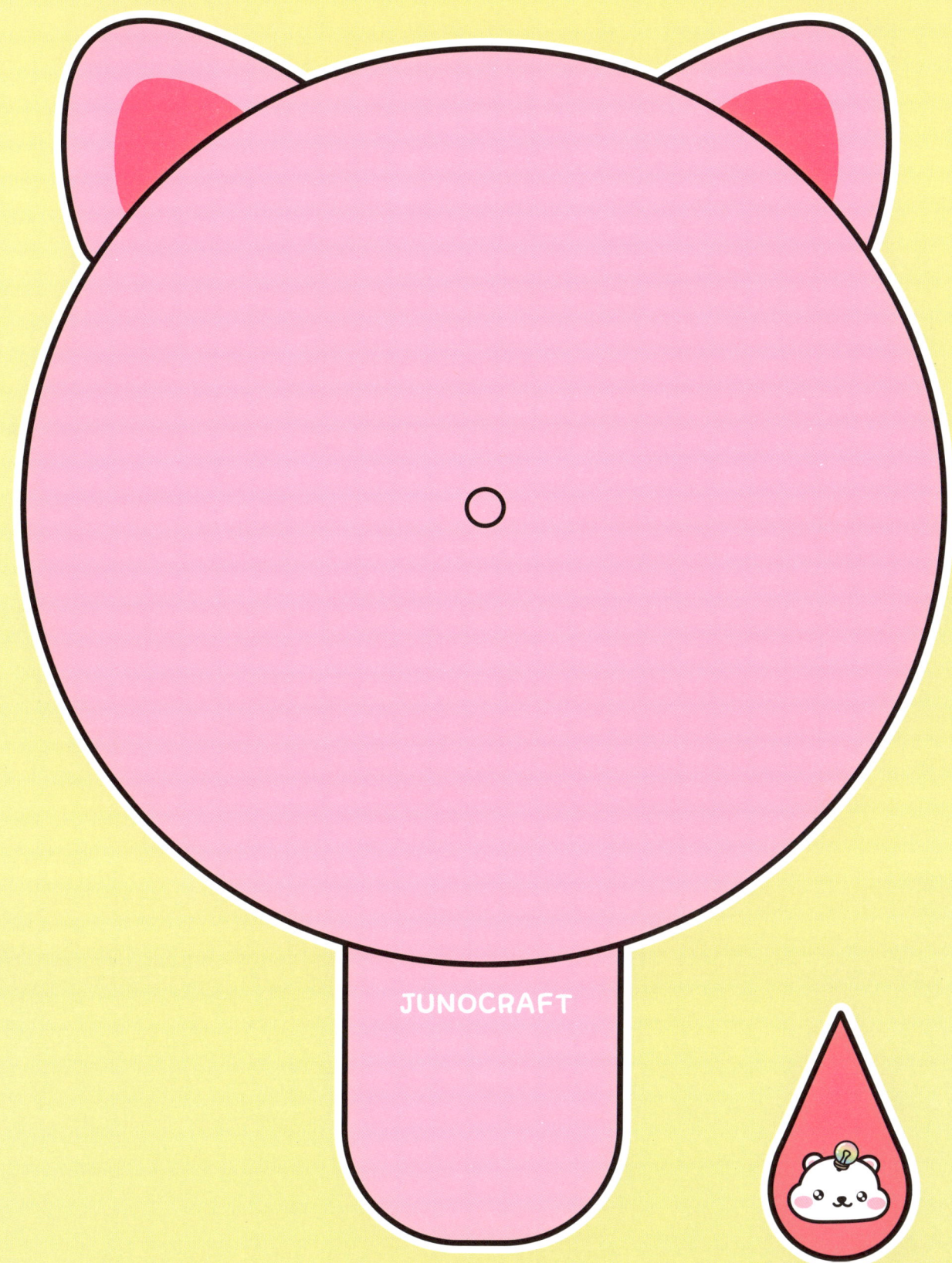

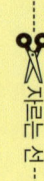